AF613934

MORALE

et

INSTRUCTION CIVIQUE

PAR L'EXEMPLE ET LE RÉSUMÉ

PAR MM.

LANÇON
Inspecteur primaire, Officier de l'Instruction publique

Z. AVRONSART
Directeur d'École publique
Officier de l'Instruction publique

H. LECOCQ
Instituteur
à Roubaix

et un groupe d'instituteurs.

COURS MOYEN

IMPRIMERIE, LIBRAIRIE, PAPETERIE

A. DRUEZ, Éditeur à Landrecies (Nord)

PRÉFACE

I. — L'enseignement moral et civique « *destiné à compléter et à relier, à relever et à ennoblir tous les enseignements de l'école* », constitue la tâche la plus noble et la plus délicate de l'instituteur laïque. Il n'est pas « une longue suite de leçons machinales », il ne peut être une succession de sermons abstraits et peu attrayants : il doit, à notre avis, reposer sur des exemples concrets.

C'est d'ailleurs un fait d'expérience incontestable qu'en matière d'éducation morale, l'exemple est très efficace et vaut autant, sinon mieux que le précepte.

« Une morale nue apporte de l'ennui ;
Le conte fait passer la morale avec lui. »

(La Fontaine.)

II. — Nous savons, par la pratique journalière, combien les instituteurs disposent de peu de temps pour la préparation de leurs classes. Pour leur venir en aide, sans les dispenser tout à fait de recherches personnelles, nous leur présentons, dans ce petit livre, des matériaux choisis et rangés, conformément au programme de morale et d'instruction civique. En les utilisant, le maître n'aura pas « *à réciter des préceptes, à parler du devoir sans conviction, sans chaleur.* » Il intéressera en effet l'enfant par la lecture vivante et animée d'une anecdote, d'une fable, etc., par le récit d'un fait réel.

Toutes les lectures, choisies avec soin, se rapportent aussi directement que possible aux leçons. Elles éveilleront l'attention de l'élève, elles orienteront son esprit, à son insu, vers l'idée générale de la leçon. « *Par l'appel au sentiment et au jugement moral de l'enfant,* » le maître lui fera découvrir les règles morales, conclusion naturelle et logique de l'exemple présenté. Ayant mieux compris les préceptes, l'élève les étudiera et les retiendra mieux.

Notre méthode « *qui fait intervenir tour à tour le maître et les élèves* » est donc essentiellement active.

III. — Chaque leçon comprend :

1° *Une lecture* qui renferme d'une façon indirecte les éléments principaux de la leçon et donne au maître la matière nécessaire à un entretien.

2° *Un questionnaire* destiné à s'assurer que l'enfant a compris les idées générales de la lecture et à en faire ressortir la moralité qui doit amorcer la leçon elle-même. Il est bien entendu que le maître développera ce questionnaire de façon à ne laisser dans l'ombre aucune partie de la leçon à enseigner.

3° *Un résumé* qui condense en quelques phrases courtes et nettes les idées essentielles, qui constitue la trame de l'entretien, et que l'élève devra apprendre après la leçon et réciter à la leçon suivante.

4° *Des maximes ou pensées* propres à fixer pour toujours dans l'esprit de l'enfant les principales règles morales. Tous les pédagogues sont d'ailleurs d'accord sur l'effet de « *ces clous d'airain qu'on enfonce dans l'âme* ». (Diderot).

5° *Des lectures* se rapportant à la leçon sont indiquées pour donner au maître l'occasion de fortifier, en les renouvelant, les impressions ressenties par les élèves.

De la sorte, lectures, questionnaires, leçons, résumés, maximes et compositions françaises concourent au même but et se prêtent un mutuel appui.

IV. — Ce petit livre de morale et d'instruction civique est, en même temps, un livre de lectures expliquées.

Le programme du mois est divisé en 7 ou 8 leçons pour la Morale, en 4 leçons pour l'Instruction civique : il est largement suffisant pour les leçons de morale et d'instruction civique prévues à l'emploi du temps.

Nous avons indiqué, à la fin de chaque mois 4 compositions françaises se rapportant au programme mensuel. Les leçons du mois de juillet on été réservées à la révision générale.

V. — Aux maîtres de l'enseignement primaire d juger si, en publiant ce petit livre sans prétention nous leur avons rendu service en les aidant à fair de leurs élèves des honnêtes gens !

Les Auteurs.

PREMIÈRE PARTIE

MORALE

MOIS D'OCTOBRE

LA FAMILLE.
DEVOIRS ENVERS LES PARENTS.

1. — La conscience. — La morale. — Le remords.
2. — La famille.
3. — Devoirs envers les Parents : Amour.
4. — Devoirs envers les Parents : Respect.
5. — Devoirs envers les Parents : Obéissance.
6. — Devoirs envers les Parents : Reconnaissance.
7. — Devoirs envers les Grands-Parents et les personnes âgées.

Révision mensuelle.

1. — LA CONSCIENCE. — LA MORALE. — LE REMORDS.

LECTURE

La conscience.

Un fils avait tué son père.
Ce crime affreux n'arrive guère
Chez les tigres, les ours; mais l'homme le commet.
Ce parricide eut l'art de cacher son forfait;
Nul ne le soupçonna : farouche et solitaire,
Il fuyait les humains et vivait dans les bois,
Espérant échapper aux remords comme aux lois.
Certain jour on le vit détruire à coups de pierre
Un malheureux nid de moineaux.
« Eh ? Que vous ont fait ces oiseaux ?
Lui demande un passant : pourquoi tant de colère ?
— Ce qu'ils m'ont fait ! répond le criminel :
Ces oisillons menteurs, que confonde le ciel,
Me reprochent d'avoir assassiné mon père. »
Le passant le regarde : il se trouble, il pâlit,
Sur son front son crime se lit :

Conduit devant le juge, il l'avoue, il l'expie.
O des vertus, dernière amie,
Toi qu'on voudrait en vain éviter ou tromper,
Conscience terrible, on ne peut t'échapper.

FLORIAN.

Questionnaire.

I. Pourquoi ce fils fuyait-il les humains et vivait-il dans les bois?

II. Pourquoi jetait-il des pierres aux moineaux?

III. Que signifie ce vers? (Sur son front son crime se lit.)

IV. Citez un cas où vous avez reçu l'approbation de votre conscience et un cas où elle vous a désapprouvé.

RÉSUMÉ (à réciter).

1. — La morale nous fait connaître nos devoirs et nous indique la manière de les remplir.

2. — Faire son devoir, c'est faire le bien ; y manquer, c'est faire le mal.

3. — Quand nous faisons le bien, nous en sommes récompensés par l'approbation de la conscience : satisfaction morale.

4. — Quand nous agissons mal, nous sommes punis par le remords : reproche de la conscience.

Maximes.

I. — Un pas hors du devoir peut nous mener bien loin. (CORNEILLE.)

II. — Une bonne conscience est un doux oreiller. (PLUTARQUE.)

Lectures.

I. — Le remords. (LOUIS XI.) Drame et Casimir Delavigne, DEVINAT cours moyen, page 263. — Larousse, éditeur.

II. — Le lieutenant Louhaut. (STENDHAL.) FORSANT et MORIN, *Lectures morales et littéraires*, page 12. — Juven, éditeur.

2. — LA FAMILLE

LECTURE

L'enfant et la famille. — Georges n'avait pas de meilleur ami que son voisin Pierre qui était toujours de bonne humeur. Mais un jour Pierre devint triste.

C'est que sa mère était morte après une longue maladie. Sa mère n'était plus là pour l'aimer et le soigner. Son père, charpentier de son état, partait de la maison avant le jour et ne pouvait guère s'occuper de lui. Le petit garçon était donc bien à plaindre, mais il devait être bientôt plus malheureux encore.

Un soir, sur un brancard, on rapporta son père, qui s'était fracassé la tête en tombant d'un échafaudage. Pierre était orphelin.

Pierre n'avait ni oncle, ni tante, ni grand-père, ni grand'mère, ni personne qui pût le recueillir. Il était seul au monde. La petite maison qu'il habitait n'appartenait pas à ses parents. Il n'avait plus d'abri. Il fallut vendre les quelques meubles qui restaient pour payer les frais de l'enterrement. Puis, Pierre fit un paquet de ses hardes et partit pour l'orphelinat de la ville voisine.

Ce jour-là, Georges fut bien triste. Il accompagna son ami en pleurant, le plus loin qu'il put sur la route. Et, quand il rentra auprès de ses parents, il les embrassa plus tendrement que de coutume. Comme il se sentait heureux d'être dans sa maison ! En voyant tout ce que Pierre avait perdu, Georges avait compris son propre bonheur.

COMPAYRÉ.

Éléments d'Instruction morale et civique. — Delaplane, éditeur.

Questionnaire.

I. Quelles étaient les causes de la tristesse de Pierre ?

II. Pourquoi Pierre était-il bien à plaindre ?

III. Pourquoi Georges embrassa-t-il plus tendrement ses parents ?

IV. Etes-vous contents d'avoir une famille? Pourquoi ?

RÉSUMÉ (à réciter).

1. — La famille est la société formée par le père, la mère, les enfants et les grands-parents.

2. — Autrefois le père était le maître absolu de la famille et le droit d'aînesse favorisait l'aîné.

3. — Aujourd'hui le père et la mère ont la même autorité et les enfants sont égaux.

4. — C'est la Révolution de 1789 qui a aboli le droit d'aînesse et donné pour bases, à la famille moderne, la justice et l'égalité.

Maximes.

I. — Sous l'ancien régime, l'autorité paternelle était absolue, arbitraire et despotique.

II. — La famille moderne a pour bases la justice et l'égalité.

Lectures.

I. — Ce qu'était la famille autrefois. (COMPAYRÉ, *Éléments d'éducation morale et civique*, page 17. — Delaplane, éditeur.)

II. — Le droit d'aînesse. (LEBAIGUE, *Livre de l'école*, p. 80. — Belin frères, éditeurs.)

3. — DEVOIRS ENVERS LES PARENTS : AMOUR

LECTURE

Gabriel Dieudonné. — Gabriel Dieudonné, de Lille, a commencé par être savetier. Il est devenu plus tard messager de quelques commissionnaires des villes voisines. Entré dans le corps des sapeurs-pompiers, il est toujours le premier lorsqu'il y a des services à rendre et des dangers à courir.

Sa nature généreuse se révéla de bonne heure. Dès l'âge de seize ans, il prit à sa charge sa mère malade et refusa de la laisser conduire à l'hospice, quoiqu'il n'eût pour toute ressource que les produits si modiques de son humble métier. Plus tard il montra la même piété filiale envers sa belle-mère, la recueillit chez lui et la soigna jusqu'à la mort.

(*Rapport sur les prix de vertu*, 1843.)

Questionnaire.

I. Que pensez-vous de la conduite de Gabriel Dieudonné ?

II. Comment prouva-t-il son amour pour sa mère?

III. Peut-on témoigner sa piété filiale d'une autre façon?

IV. Aimez-vous vos parents? Pourquoi ?

RÉSUMÉ (à réciter).

1. — Le père, chef de la famille, travaille pour nourrir et élever ses enfants.

2. — La mère se dévoue pour tous et veille aux soins du ménage, tandis que le père est à son métier ou à ses affaires.

3. — En retour de ce que ses parents font pour lui, l'enfant doit les aimer, leur témoigner son affection par des caresses et les satisfaire par son bon travail à l'école.

4. — L'amour des enfants pour les parents s'appelle piété filiale. Cet amour doit s'élever jusqu'au dévouement lorsque les parents sont vieux, malheureux ou infirmes.

Maximes.

I. — De quelle vertu serais-tu capable, si tu ne commençais par aimer ta mère. (SOCRATE.)

II. — La piété filiale se compose d'amour, de respect, de reconnaissance et de dévouement. (BARRAU.)

Lectures.

I. — Amour filial. (Maurice BOUCHOR : *Chants populaires des écoliers*, page 6. — Hachette, éditeur.)

II. — Une fille affectueuse. (Marie CARPENTIER (1822), V. COMPAYRÉ, *Éléments d'éducation civique et morale*, page 16. — Delaplane, éditeur.)

---

4. — DEVOIRS ENVERS LES PARENTS : RESPECT

LECTURE

Le respect filial. — Le roi Salomon, dit un fabliau du moyen âge, fut consulté un jour sur un procès fort embarrassant.

Deux hommes prétendaient l'un et l'autre être fils d'un riche marchand qui avait laissé en mourant un gros héritage.

Le marchand les avait élevés tous les deux. Mais il déclarait dans son testament qu'il n'y avait que l'un d'eux qui fût son fils, sans vouloir dire quel était celui qui avait droit à ce titre.

Salomon ordonna qu'on fit comparaître devant lui les deux jeunes gens qui prétendaient à l'héritage.

Il ordonna, en même temps, que l'on apportât, en sa présence, le corps du marchand enfermé dans son cercueil.

Quand les deux plaideurs furent devant lui, il dit qu'il adjugeait l'héritage à celui qui, prenant un marteau de fer, briserait le premier le cercueil de son père.

Les gardes donnèrent un marteau aux deux jeunes gens qui s'approchèrent du cercueil.

Aussitôt l'un d'eux, sans émotion, frappa le cercueil qui rendit un son sourd et lugubre. Mais l'autre, au moment de frapper, s'évanouit en s'écriant :

« Non, jamais je ne pourrai briser le cercueil de mon père. J'aime mieux laisser l'héritage à mon frère.

— C'est toi qui es le fils du marchand, dit alors Salomon, tu l'as prouvé par ton respect. »

COMPAYRÉ.

Éléments d'instruction morale et civique. — Delaplane, éditeur.

Questionnaire.

I. Salomon était-il certain de découvrir le vrai fils en employant ce moyen? Pourquoi?

II. Comment pouvez-vous manifester votre respect envers vos parents ?

III. Pourquoi devez-vous les respecter?

IV. Que pensez-vous d'un enfant qui ne respecterait pas ses parents ?

RÉSUMÉ (à réciter).

1. — Respecter quelqu'un, c'est avoir pour lui tous les égards dus à son rang, son âge, son titre.

2. — Mes parents me sont supérieurs par l'âge, l'expérience et l'autorité : ils ont droit à mon respect.

3. — Je ne me montrerai pas familier avec eux et ne les traiterai pas comme des camarades ou des égaux.

4. — Je leur témoignerai la plus grande déférence par la politesse de mon langage et de mes gestes ; enfin j'accepterai avec docilité leurs observations et suivrai fidèlement leurs conseils.

Maximes.

I. — L'enfant, à tout âge, doit honorer et respecter ses père et mère. *(Code civil.)*

II. — Honorer ses parents, c'est s'honorer soi-même.

Lectures.

I. — Le coffret. (SAINT-MARC-GIRARDIN). *Lectures morales et littéraires* de FORSANT et MORIN, page 34. — Juven, éditeur.

II. — Respect filial d'un Consul romain. (MÉZIÈRES). *Education morale et Instruction civique*, page 2.— Delagrave, éditeur.

---

5. — DEVOIRS ENVERS LES PARENTS : OBÉISSANCE

LECTURE

L'Obéissance.

Quand ton père a parlé, sans murmure obéis ;

. . . .

C'est de lui que tu tiens la vie et la parole.
De toute autorité qu'il te soit le symbole.
Va, s'il te dit d'aller ; reviens, s'il te dit : « Viens ! »
Mets ton cou sous sa main, mets tes pieds sur les siens.

. . . .

Sers-le jusqu'au tombeau, serviteur sans salaire ;
D'une piété tendre honore ses vieux ans ;
Ta bénédiction est dans ses cheveux blancs ;
Et quand il s'en ira dans la sombre demeure,
Prends sa place au soleil, baisse la tête, et pleure.

LAMARTINE.

Questionnaire.

I. Que signifie ce vers? (Sers-le jusqu'au tombeau, serviteur sans salaire?)

II. En quoi consiste l'obéissance?

III. Pourquoi et comment devons-nous obéir?

IV. Avez-vous toujours intérêt à obéir à vos parents?

RÉSUMÉ (à réciter).

1. — J'obéirai à mes parents pour leur prouver que je les aime et parce que leurs ordres sont conformes à mes intérêts.

2. — Je leur obéirai surtout parce qu'ils ne me commandent que le bien, et que cette habitude de l'obéissance m'évitera bien des ennuis.

3. — J'obéirai immédiatement et de bonne grâce pour contenter mes parents et me préparer plus facilement à l'obéissance aux lois.

Maximes.

I. — Obéis, si tu veux qu'on t'obéisse un jour. (VOLTAIRE.)
II. — « L'obéissance est la sauvegarde de l'enfance. »

Lectures.

I. — La carpe et les carpillons. (FLORIAN.)
II. — La désobéissance. (V. *Enfants de Marcel* BRUNO, page 144. — Belin frères, édit.)

---

6. — DEVOIRS ENVERS LES PARENTS : RECONNAISSANCE

LECTURE

La reconnaissance. — Le berger Arlon n'avait qu'un fils, le petit Louis, qui était très intelligent.

Malgré son modique salaire, le brave berger résolut d'assurer à ce fils, non une forte dot, ce qui lui eût été impossible, mais au moins une solide instruction.

Il fit part de ses intentions au bon M. Lebrun, l'instituteur du village, qui lui promit tout son concours et s'intéressa fort à l'enfant.

Présenté vers onze ans à l'examen des bourses des lycées et collèges, le petit Louis fut admis l'un des premiers. Ce succès l'encouragea et le fit redoubler d'ardeur au travail. Il devint plus tard professeur puis directeur d'école supérieure.

Alors, rempli de reconnaissance pour ses braves parents qui s'étaient imposé les plus lourds sacrifices pour lui assurer le succès, il les prit à sa charge, les combla de soins et d'attentions et leur assura ainsi une heureuse vieillesse.

Questionnaire.

I. Enumérez les bienfaits dont vous êtes redevables envers vos parents.

II. Que dit-on quand on reçoit un cadeau? Comment pouvez-vous remercier vos parents?

III. De quelle façon le petit Louis montra-t-il sa reconnaissance?

IV. Doit-on jamais rougir de l'humble situation de ses parents? Pourquoi non?

RÉSUMÉ (à réciter).

1. — Etre reconnaissant c'est prouver par ses paroles, et surtout par ses actes, qu'on se souvient des bienfaits reçus.

2. — Mes parents sont mes bienfaiteurs de chaque jour, je leur témoignerai ma reconnaissance par mon bon travail à l'école, et par ma prévenance et ma conduite à la maison.

3. — Je les aiderai dans leurs travaux afin de rendre leur tâche moins pénible et plus tard je les nourrirai, les soignerai et me dévouerai pour eux.

4. — Le fils reconnaissant donne à ses parents la première place à son foyer et à sa table. Celui qui agit autrement ou manque d'égards à ses parents est un ingrat : le fils ingrat est un véritable monstre.

Maximes.

I. — « La reconnaissance est la mémoire du cœur. »

II. — « Celui qui délaisse ses parents quand ils sont dans le besoin commet un véritable crime. »

Lectures.

I. — La fille de l'aveugle. (LEGOUVÉ.) LABOR, page 5.— Garnier frères, éditeurs.

II. — L'écuelle de bois. (Frères GRIMM.) *Morale* CUIR, p. 11. — Druez, éditeur.

7. — DEVOIRS ENVERS LES GRANDS-PARENTS ET LES PERSONNES AGÉES

LECTURE

Jeanne au pain sec.

Jeanne était au pain sec dans le cabinet noir
Pour un crime quelconque; et, manquant au devoir,
J'allai voir la coupable en pleine forfaiture,
Et lui glissai dans l'ombre un pot de confiture
Contraire aux lois. Tous ceux sur qui, dans ma cité,
Repose le salut de la société,
S'indignèrent, et Jeanne a dit d'une voix douce :
— « Je ne toucherai plus mon nez avec mon pouce;
Je ne me ferai plus griffer par le minet. »
Mais on s'est récrié : « Cette enfant vous connaît ;
Elle vous voit toujours rire quand on se fâche,
Elle sait à quel point vous êtes faible et lâche,
Pas de gouvernement possible. A chaque instant
L'ordre est troublé par vous; le pouvoir se détend ;
Plus de règle. L'enfant n'a plus rien qui l'arrête,
Vous démolissez tout. » — Et j'ai baissé la tête,
Et j'ai dit : « Je n'ai rien à répondre à cela,
J'ai tort. Oui, c'est avec ces indulgences-là
Qu'on a toujours conduit les peuples à leur perte.
Qu'on me mette au pain sec. — Vous le méritez certes;
On vous y mettra. » Jeanne alors, dans son coin noir,
M'a dit tout bas, levant ses yeux si beaux à voir,
Pleins de l'autorité des douces créatures :
« Eh bien ! moi, je t'irai porter des confitures. »

Victor Hugo.

L'Art d'être grand-père. — Hetzel, éditeur.

Questionnaire.

I. Pourquoi, selon vous, le Grand-père est-il si faible avec sa petite-fille ?

II. La petite-fille a-t-elle raison d'abuser de cette faiblesse?

III. Feriez-vous comme elle Pourquoi ?

IV. Quels services pouvez-vous rendre à vos grands-parents et aux personnes âgées ?

RÉSUMÉ (à réciter).

1. — Nos grands-parents ont pour nous une tendresse infinie ; ils excusent nos défauts et pardonnent nos fautes : nous leur devons, comme à nos parents, amour, respect, obéissance et reconnaissance.

2. — Je ne perdrai aucune occasion d'être agréable à mes grands-parents, je n'abuserai pas de leur grande bonté, je ne serai pas bruyant et j'aurai pour eux mille tendresses : « Un seul baiser d'enfant fait oublier vingt rides ».

3. — Ce respect témoigné à mes grands-parents s'étendra à toutes les personnes âgées si je veux prouver ma bonne éducation et mon bon cœur.

Maximes.

I. — « La tendresse des enfants soutient les vieillards. »

II. — Respect aux cheveux blancs, à la main qui tremble.

Lectures.

I. — Respect des jeunes Lacédémoniens pour les vieillards. (ROLLIN.) POIGNET et BERNAT, *Livre de morale*, 7e leçon. — Godchaux éditeur.

II. — La promenade de grand'mère. (PIERRE, LETRAIT, BODIN), (*Pour les Petits*, Nathan, édit.)

COMPOSITIONS FRANÇAISES

I. — Un de vos camarades vient d'être félicité à la suite d'une composition qui l'a classé le premier. Malgré les éloges du maître il n'est pas satisfait. Il sait qu'il ne mérite pas la place obtenue parce qu'il a consulté son livre. Ne pouvant plus supporter les reproches de sa conscience, il avoue et il est soulagé. — Conclusion. — Résolution.

II. — Montrez, au moyen d'une anecdote, combien un enfant serait malheureux sans famille.

III. — Votre jeune frère a refusé d'obéir à votre grand-père et lui a mal répondu. Racontez le fait. Dites ce que vous en pensez et pourquoi il vous a causé de la peine : bonté du vieillard, sa tendresse pour ses petits-enfants, soins qu'il leur donne, plaisirs qu'il leur procure, etc. *(C. E. Nord.)*

IV. — Dites ce que c'est que la reconnaissance. Enumérez les personnes pour lesquelles vous éprouvez un sentiment de reconnaissance et dites les raisons qui vous inspirent ce sentiment. *(C. E. Nord.)*

MOIS DE NOVEMBRE

DEVOIRS ENVERS LES FRÈRES ET SŒURS, MAITRES ET SERVITEURS

1. — L'amour fraternel.
2. — Le bon frère à la maison.
3. — Le bon frère dans les jeux.
4. — La politesse entre frères et sœurs.
5. — Devoirs des aînés et des cadets.
6. — Les orphelins.
7. — L'esprit de famille.
8. — Maîtres et serviteurs.
Révision mensuelle.

1. — L'AMOUR FRATERNEL

LECTURE

Les petites sœurs.

Elles vont la main dans la main ;
On ne les voit jamais qu'ensemble ;
Sans que l'une à l'autre ressemble,
Toujours dans le même chemin,
Elles vont la main dans la main.

Jamais de pleurs ni de querelles ;
A ces deux sœurs qui ne font qu'un,
Livres, jouets, tout est commun ;
Tout gaîment se partage entre elles ;
Jamais de pleurs ni de querelles.

V. DE LAPRADE

Le livre d'un père. — Hetzel, éditeur.

Questionnaire.

I. De qui, dans la lecture, les deux mains sont-elles l'image ?

II. Quelle leçon ces deux mains vous donnent-elles ?

III. Pourquoi les frères et sœurs doivent-ils s'aimer ?

IV. Par quels moyens pouvez-vous prouver votre amour fraternel ?

RÉSUMÉ (à réciter).

1. — Nos frères et sœurs sont nos premiers compagnons, nos meilleurs amis.

2. — Nous aimons nos frères et sœurs parce qu'ils ont les mêmes parents que nous, portent le même nom, sont élevés au même foyer et partagent les mêmes plaisirs et les mêmes peines.

3. — L'affection réciproque des frères et sœurs s'appelle l'amour fraternel : c'est un lien qu'aucune discorde, aucun intérêt ne devrait rompre.

Maximes.

I. — Un frère est un ami donné par la nature.
II. — L'amour fraternel est la plus douce des amitiés.

Lectures.

I. — L'amour fraternel. (J. J. ROUSSEAU, V. DÈS, *Education morale et civique,* page 48.) — Thorinaud, éditeur.
II. — Georges Stephenson. (MÉZIÈRES.) *Instruction morale et civique,* page 11. — Delagrave, éditeur.

---

2. — LE BON FRÈRE A LA MAISON

LECTURE

Un bon frère. — Marcel Blanquart était fils aîné d'une pauvre veuve chargée d'une nombreuse famille.

Un jour le cadet tomba malade, puis ce fut le tour d'un autre enfant. Afin que rien ne manquât à ses frères et que leur mère pût, par son travail, subvenir aux besoins de la famille, Marcel s'offrit à soigner les malades, ce qui lui fut accordé.

Rien de plus sublime alors que sa tendresse et son dévouement pour eux. Au lieu de sauter et de rire avec ses camarades, il ne quittait pas un seul instant ses frères et les récréait par quelque belle lecture. Dormaient-ils, il faisait sans bruit les travaux du ménage ou apprenait ses leçons ; enfin, aux heures voulues, il apportait à chaque malade la potion ordonnée par le médecin. Lorsque, grâce à tant de bons soins, les deux enfants furent rétablis, il leur sembla qu'une plus grande affection les unissait à leur aîné.

Marcel, de son côté, éprouvait une bien douce joie en songeant que son dévouement avait contribué à la guérison de ses frères et empêché la gêne de se faire sentir dans la famille.

Questionnaire.

I. Pourquoi Marcel s'offrit-il à soigner ses frères malades?

II. Comment se comporta-t-il à leur égard?

III. Quelle fut sa récompense?

IV. N'y a-t-il pas d'autres moyens de témoigner de la bonté envers ses frères et sœurs?

RÉSUMÉ (à réciter).

1. — Le bon frère respecte ce qui appartient à ses frères et sœurs.

2. — Il les aide dans les travaux commandés par les parents; il étudie ses leçons et fait ses devoirs avec eux.

3. — Il est indulgent, pardonne toute faute, toute offense et ne raconte jamais les petits méfaits commis.

4. — Si les parents sont parfois sévères dans la réprimande ou la punition, le bon frère plaide la faute du coupable et cherche à l'atténuer.

Maximes.

I. — Les frères et les sœurs se doivent une affection et une aide mutuelles.

II. — Deux frères sont comme la même âme dans deux corps différents.

Lectures.

I. — Un mensonge ingénu. (RATISBONNE). Livre de récitation BODELLE, page 7. — Pérou, éditeur.

II. — Michel Sedaine. (PÉCAUT, *Instruction morale*, p. 156.) — Garnier frères, édit.

3. — LE BON FRÈRE DANS LES JEUX

LECTURE

Le jeune André. — Un enfant qui comprend admirablement son rôle d'aîné et épargne bien des soucis à sa mère est sans contredit le jeune André Lecomte.

Le matin, tandis que se fait le déjeuner ou que se garnissent le cartable des frères et le panier aux provisions de la jeune sœur, André cire les bottines, fait les courses ou porte aux bêtes de la basse-cour le premier repas du jour. — Le jeudi, et chaque jour aux heures de liberté, il organise les jeux et prête à l'un son cerceau, à l'autre sa toupie ou ses billes.

Toujours prêt à la conciliation, il cède à ses frères et sœurs lorsqu'une querelle se prépare et rétablit le bon accord par un mot aimable.

Enfin jamais il ne reçoit de jouets ni de friandises sans en faire profiter ses cadets : c'est le frère modèle, l'enfant que tous aiment bien.

Questionnaire.

I. Que pensez-vous de la conduite d'André à l'égard de ses frères et sœur?

II. Quelles qualités lui trouvez-vous dans les jeux ?

III. Pourquoi André est-il aimé de tous?

IV. Que feriez-vous : 1° si, par son imprudence, votre petit frère s'exposait au danger? 2° s'il était menacé par un mauvais camarade?

RÉSUMÉ (à réciter).

1. — Un bon frère joue de préférence avec ses frères et sœurs, et les jouets appartiennent à tous.

2. — Il n'impose pas continuellement ses volontés et évite les querelles, les taquineries et tout ce qui peut rompre le bon accord.

3. — A l'école et dans la rue, il protège ses petits frères et ses sœurs contre les accidents ou les méchants.

Maximes.

I. — Deux frères en désaccord sont comme les deux mains qui se gêneraient l'une l'autre, quoique la nature les ait faites pour s'entr'aider. (SOCRATE.)

II. — Votre frère doit être votre camarade, votre compagnon de jeux.

Lectures.

I. — Une querelle entre frères. (TOLSTOÏ, *Nouveau livre de morale pratique*, 14. — Hachette, éditeur.)

II. — Dans la rue. (COPPÉE.) DEVINAT, *Lecture et morale, C. E.*, page 24. — Larousse, éditeur.

4. — LA POLITESSE ENTRE FRÈRES ET SŒURS

LECTURE

Devoirs des frères et des sœurs. — Quelle douceur ineffable n'y a-t-il pas dans cette pensée : « Nous sommes les enfants d'un même père et d'une même mère ! » Avoir trouvé, à peine venus en ce monde, les mêmes objets à vénérer et à chérir entre tous, quelle douceur encore ! Cette communauté de sang et la conformité d'un grand nombre d'habitudes entre frères et sœurs, produisent naturellement une puissante sympathie.

Si vous voulez être bon frère, défendez-vous de l'égoïsme ; imposez-vous chaque jour d'être généreux dans vos relations fraternelles. Que chacun de vos frères, que chacune de vos sœurs voie que ses intérêts vous sont chers autant que les vôtres.

Si l'un d'eux commet une faute, soyez indulgent pour le coupable, non pas seulement comme vous le seriez avec un étranger, mais plus encore.

Réjouissez-vous de leurs vertus, imitez-les, et, à votre tour, excitez-les par votre exemple. L'intimité du foyer ne doit jamais vous faire oublier d'être poli envers vos frères. Soyez encore plus délicat de manières avec vos sœurs, réjouissez-vous de l'influence qu'elles exercent sur votre âme pour l'adoucir, et, puisque la nature les a faites plus faibles et plus sensibles que vous, soyez d'autant plus attentif à les consoler dans leurs afflictions et à ne pas les affliger vous-même.

SILVIO PELLICO.

Questionnaire.

I. Devez-vous avoir plus d'égards envers vos sœurs qu'envers vos frères? Pourquoi?

II. L'intimité de la famille vous permet-elle de déroger à vos devoirs de politesse envers vos frères et sœurs?

III. Comment pouvez-vous montrer les égards dus à vos frères et sœurs?

IV. La sœur n'a-t-elle pas aussi des devoirs particuliers envers ses frères?

RÉSUMÉ (à réciter).

1. — Les frères et sœurs doivent être polis entre eux, éviter les paroles brutales et les mots grossiers.

2. — Le bon frère se montre surtout affectueux, attentif et complaisant à l'égard de ses sœurs plus faibles et plus sensibles.

3. — La bonne sœur se fait aimer par sa douceur et sa bonté : elle est l'ange qui soigne, encourage et console.

4. — L'enfant qui se montre brutal et grossier avec ses frères et sœurs, le sera avec tout le monde.

Maximes.

I. — Enfant, dis-moi ce que tu es dans ta famille et je te dirai ce que tu seras dans la société.

II. — Sois pour ta sœur aide et soutien.

Lectures.

I. — Deux véritables frères. (LAMARTINE.) FORSANT et MORIN, *Lectures morales et littéraires* page 43. — Juven, éditeur.

II. — L'union des frères et sœurs. (CAZE, *Livre de lecture*, page 35. — Delagrave, éditeur.)

5. — DEVOIRS DES AINÉS ET DES CADETS

LECTURE

Léon et Lucien étaient les fils du brave ouvrier Jean Jadot.

Un jeudi matin Léon surprit, dans le verger, son jeune frère Lucien, remplissant ses poches de prunes encore vertes, malgré la défense de leur mère.

« Tiens, dit Lucien, au fond très penaud mais faisant bonne contenance, partageons.

— Partager ! manger des prunes volées ! désobéir à notre mère ! Non pas. Garde tes fruits verts, mange-les, et s'ils te donnent la colique ce sera bien fait pour toi. »

Et comme Lucien se taisait, fort embarrassé :

« Au surplus, ajouta Léon, je vais tout dire à maman. Je ne veux pas t'encourager au maraudage. »

Lucien jeta les prunes, vint à son frère et le supplia de ne rien révéler. Léon y consentit, non sans se faire prier, se disant, à part lui, que sa fermeté rendait service à ce jeune étourdi et l'avertissant qu'il ne se ferait jamais, par son silence, le complice d'une grosse faute.

Léon avait compris qu'il devait servir de modèle à son jeune frère et ne lui donner que de bons exemples ; car les petits regardent toujours en haut et font ce que font les grands.

DEVINAT, *Livre de Lecture et de morale.* — Larousse, éditeur.

Questionnaire.

I. Que pensez-vous de la réponse de Léon à son jeune frère Lucien ?

II. A-t-il eu raison de ne pas révéler la faute de Lucien à leur mère ? Pourquoi ?

III. Quelles sont les deux causes qui ont déterminé Lucien à jeter les prunes volées ?

IV. Montrer en parallèle les rôles différents que doivent jouer les aînés et les cadets.

RÉSUMÉ (à réciter).

1. — L'aîné aide ses frères et sœurs, les protège et leur donne de bons conseils.

2. — Il n'oublie pas, dans ses actes et dans ses pa-

roles, que les cadets imitent ou disent ce qu'ils voient et entendent ; alors il s'observe pour donner le bon exemple.

3. — Les cadets doivent obéir aux aînés, s'ils agissent bien, et si les parents les proposent comme modèles.

Maximes.

I. — Le meilleur auxiliaire des parents, dans l'éducation des enfants, est un aîné qui s'observe et se respecte.

II. — Enfant, imite tes aînés si tes parents te les donnent comme modèles.

Lectures.

I. — Un frère aîné. (Mme NECKER DE SAUSSURE.) DÈS, *Education morale et civique*, p. 46. — Thorinaud, éditeur.

II. — La petite mère de famille. (V. *Enfants de Marcel* BRUNO, page 92. — Belin frères, édit.).

---

6. — LES ORPHELINS

LECTURE

Le cabaretier Monteil, qui était veuf, mourut à Joyeuse (Ardèche), le 22 octobre 1854 ; il laissa six orphelins, la plupart en bas âge. Son héritage consistait en une maison et en un chiffre de dettes beaucoup plus élevé que la valeur de la maison. Le fils aîné de Monteil faisait alors son tour de France, afin de se perfectionner dans la profession de serrurier-mécanicien qu'il avait embrassée. Dès qu'il apprit la mort de son père, il s'empressa de revenir à Joyeuse et de se mettre à la tête de la maison, avec la ferme résolution de servir de père à ses jeunes frères et sœurs.

D'abord il essaya de continuer l'exploitation du cabaret ; mais il s'aperçut bientôt que ce genre d'industrie, où son père s'était ruiné en partie, était loin de lui donner les moyens de subvenir aux besoins de sa famille.

D'autre part, les créanciers de son père exigeaient qu'on les payât. Le pauvre Monteil ne manquait pas de soucis, sa position était pénible et difficile, il lui fallait une certaine somme : où la trouver ?

Que fait-il alors ? C'était au moment de la guerre d'Orient ; le prix des remplacements militaires était très élevé ; il vit là un moyen de salut. Sans hésitation il se sacrifie pour ses frères et ses sœurs, et il emploie les 2,300 francs qu'il a reçus, en partie à payer les créanciers, en partie à entretenir les pauvres orphelins.

Embarqué comme mécanicien à bord d'un bâtiment à vapeur de l'État, le jeune Monteil n'a cessé d'économiser tout ce qu'il a pu sur sa solde et de l'envoyer à ses frères et à ses sœurs.

(*Rapport sur les prix de vertu*, 1858.)

Questionnaire.

I. Citez les deux nobles causes pour lesquelles l'aîné des Monteil se dévoua.

II. Jusqu'où poussa-t-il l'affection pour ses frères et sœurs ?

III. Quels sentiments les frères et sœurs devaient-ils éprouver envers leur frère aîné et quels étaient leurs devoirs ?

IV. Quelles conséquences heureuses produit souvent l'accomplissement des devoirs réciproques des orphelins ?

RÉSUMÉ (à réciter).

1. — Lorsque la mort rend les enfants orphelins, les aînés doivent remplacer les parents disparus, élever leurs frères et sœurs, se dévouer pour eux.

2. — Les plus jeunes leur doivent en retour, avec une affection profonde, une obéissance complète et une reconnaissance sans bornes.

3. — Quand chaque orphelin remplit bien son devoir (aîné ou cadet), la misère ne s'implante pas au logis, la famille s'élève honnêtement et reste unie.

Maximes.

I. — Le seul avantage de mon droit d'aînesse, c'est d'avoir pu aimer mes frères un peu plus tôt.

II. — L'aîné est le protecteur né de son jeune frère.

Lectures.

I. — Le droit d'aînesse. (DE LAPRADE.) CUIR 2e livret, p. 24. — Druez, éditeur.

II. — Le grand Frère. (VESSIOT. — CAZES, *Livre de lecture*, page 131. — Delagrave, éditeur.)

---

7. — L'ESPRIT DE FAMILLE

LECTURE

Quand le petit Paul m'eut répondu : « Nous sommes décorés », je lui dis : « Décoré à ton âge ! Voilà qui est admirable. Mais ne puis-je pas savoir ? — Ce n'est pas moi, Monsieur, c'est papa. — Eh bien, alors ? fis-je d'un ton de surprise ; pourquoi... »

Mais lui, devinant ma pensée : « Papa, c'est moi, Monsieur, c'est nous, c'est toute la famille ! »

Il a raison, le petit Paul. Quand le père est honoré, cet honneur se répand sur tous les siens ; comme aussi, hélas ! s'il vient à faire mal, la honte en rejaillit sur eux. Voilà la famille : tel est le lien étroit qui en unit les membres. On l'appelle *solidarité*. Ce gros mot signifie que, dans la famille, tous les membres ne font qu'un.

A. VESSIOT.

Lecture courante, Lecène, édit.

Questionnaire.

I. Qu'est-ce que l'esprit de famille ? Peut-on l'appeler d'un autre nom ?

II. A quel sentiment obéit le petit Paul en disant : « Nous sommes décorés » plutôt que : « Papa est décoré. »

III. Montrez par deux exemples contraires comment vous pouvez ressentir le bonheur ou le malheur qui arrive à un membre de votre famille ?

IV. Pouvez-vous déjà contribuer à augmenter le patrimoine d'honneur de votre famille. Comment ?

RÉSUMÉ (à réciter).

1. — L'esprit de famille est un sentiment de solidarité qui nous fait défendre, toujours et partout,

l'honneur et les intérêts de notre famille. C'est lui qui nous rend joyeux ou tristes selon qu'un événement heureux ou malheureux arrive à un membre de la famille.

2. — C'est l'esprit de famille qui nous rend fiers de la bonne conduite de nos parents et des succès de nos frères et sœurs.

3. — C'est encore lui qui nous rendrait honteux du déshonneur jeté par l'un des nôtres sur la famille.

4. — L'esprit de famille nous commande de toujours respecter notre nom et de chercher à accroître le patrimoine d'honnêteté, l'héritage d'honneur qui nous a été transmis par nos parents.

Maximes.

I. — L'honneur de la famille est formé de l'honneur de tous ceux qui la composent.

II. — L'union fait prospérer les familles ; la désunion les ruine.

Lectures.

I. — Le vieillard et ses enfants. (LA FONTAINE.) CUIR 2e livret, page 26. — Druez, éditeur.

II. — Le respect du nom de famille. (E. ABOUT.) Grammaire Clédat, cours moyen, page 233. — Le Soudier, éditeur.

---

8. — MAITRES ET SERVITEURS

LECTURE

Sage réponse.

Deux hommes façonnaient les terres d'un domaine,
Et le soleil sur eux dardait ses chauds rayons.
— « A faire ce métier bien longue est la semaine,
Dit l'un des travailleurs ; si nous nous reposions ?
A l'ombre des ormeaux, sur la pelouse fraîche,
Nous pourrions faire un somme au lieu de tant suer.
Si tel est ton avis, laissons là notre bêche ;
Après tout c'est bien fou de se vouloir tuer.
Le maître, en ce moment, sur son lit fait la sieste.

Pourquoi pas l'imiter ? Nous n'y perdrions rien.
— Compagnon, va dormir si tu veux, moi, je reste ;
Tu connais ton devoir et je connais le mien.
Si je le désertais, je rougirais de honte
En acceptant l'argent qui me sera donné :
Maître ou valet, chacun doit recevoir son compte ;
Et le pain le meilleur est le pain bien gagné.

Edouard JOUIN.

Prot, éditeur.

Questionnaire.

I. Que pensez-vous de la réponse de l'ouvrier consciencieux à son compagnon ?

II. Ne pouvait-il pas se reposer sans manquer à son devoir ? Pourquoi ?

III. Que veut dire l'auteur dans ce dernier vers ? (Le pain le meilleur est le pain bien gagné.)

IV. Comment le maître peut-il gagner la confiance de ses serviteurs et réciproquement ?

RÉSUMÉ (à réciter).

1. — Les serviteurs sont des personnes qui donnent leur travail en échange d'un salaire librement débattu.

2. — Ce ne sont ni des inférieurs ni des esclaves, mais des hommes comme nous auxquels on doit tous les égards. Si j'ai des domestiques plus tard, je les paierai exactement ; j'aurai pour eux de la bonté et de l'humanité ; je respecterai leurs opinions et leurs croyances.

3. — Si je suis domestique, je ne perdrai pas mon temps, je serai poli, discret et je m'attacherai à mes maîtres.

Maximes.

I. — Un enfant bien élevé ne parle aux domestiques qu'avec politesse.

II. — Les serviteurs doivent obéissance, respect et fidélité à leurs maîtres.

Lectures.

I. — Une bonne maîtresse. (Lœtitia DÈS, *Education morale et civique*, page 59. — Thorinaud, éditeur.)

II. — Le dévouement d'une servante. (MÉZIÈRES, *Education morale et instruction civique*, page 24. — Delagrave, éditeur.)

COMPOSITIONS FRANÇAISES

I. — Léon est un frère modèle. Faites ressortir, en racontant une de ses journées passées au milieu de ses frères et sœurs, toutes les qualités dont il fait preuve.

II. — Quels sont les devoirs que les aînés ont à remplir pour former l'éducation de leurs frères et sœurs et aider leurs parents dans leurs travaux.

III. — Montrez, par un ou plusieurs exemples, qu'une faute ou une action honorable d'un membre de la famille rejaillit sur la famille entière.

IV. — Racontez l'histoire d'un domestique ou d'une servante qui a fait preuve d'attachement à ses maîtres et s'est ensuite dévoué pour eux lorsque le malheur ou la maladie les a frappés.

MOIS DE DÉCEMBRE

L'ÉCOLE

1. — L'ÉCOLE AUTREFOIS ET AUJOURD'HUI

LECTURE

L'école d'autrefois. — Vers 1840, il y avait encore une quantité de communes où l'on n'aurait pas même fait le sacrifice d'une maison entière pour y mettre l'école.

On n'accordait à l'instituteur que la moitié d'une pauvre masure, et l'autre moitié souvent servait d'écurie. Aussi, de temps en temps, comme la cloison n'allait pas jusqu'en haut, on voyait passer la tête d'un bœuf ou d'un âne, qui regardait cette assemblée d'enfants avec de gros yeux étonnés ; et il était rare que la leçon se terminât sans avoir été interrompue pas les braiements de l'un ou par les mugissements de l'autre... Les enfants avaient les pieds dans le fumier ; ils avaient l'air d'être traités comme des bestiaux.

A. BURDEAU.

Alcide Picard, éditeur.

Questionnaire.

I. Vos grands-parents ont-ils eu le bonheur d'avoir comme vous de belles écoles pour s'instruire ?

II. Faites la description d'une de ces écoles d'autrefois et dites quelle en était souvent l'annexe.

III. Ces écoles étaient-elles dignes de ce nom et les enfants pouvaient-ils y travailler sérieusement ?

IV. Dites ce que sont les écoles actuelles au point de vue moral et au point de vue physique.

RÉSUMÉ (à réciter).

1. — L'école est la maison où des enfants se réunissent pour s'instruire et faire leur éducation.

2. — C'est encore le sanctuaire où des maîtres forment des cœurs, apprennent à réfléchir, à aimer le bien et le beau, à pratiquer la justice.

3. — Autrefois

1. — Autrefois les écoles étaient rares, malsaines, tristes.

2. — On n'y voyait ni tables, ni cartes, ni tableaux d'aucune sorte.

3. — Les maîtres étaient peu instruits et peu zélés.

4. — Ils n'apprenaient qu'à lire, à écrire et à compter, car ils exerçaient souvent un second métier : tailleur, tisserand ou autre.

3. — Aujourd'hui

1. — Aujourd'hui les écoles sont nombreuses, saines et riantes.

2. — Elles sont pourvues de tables et ornées de cartes et de tableaux instructifs.

3. — Les maîtres sont instruits, bons et tout à leur tâche.

4. — Ils enseignent aux enfants une foule de choses utiles qui leur serviront dans l'avenir, et consacrent souvent des heures supplémentaires aux œuvres post-scolaires : associations, patronages, etc.

Maximes.

I. — « Le premier peuple est celui qui a les meilleures écoles. »

II. — Ouvrir des écoles, c'est vider les prisons.

Lectures.

I. — Les bons livres. (Mme PENQUER.) *Éducation morale et civique*, Dès, page 67. — Thorinaud, éditeur.

II. — L'école du Corençon. (*Nos Causeries*, GUIOT et MANE, cours moyen, page 7. — P. Delaplane, édit.).

---

2. — INSTRUCTION ET ÉDUCATION

LECTURE

Le jeune Eugène Lesec. — L'élève Eugène Lesec, de l'école de X..., est certainement l'enfant le plus intelligent de sa classe. Il apprend très vite, comprend de même ce qu'on lui explique, et, malgré son jeune âge (dix ans), obtient toujours une des premières places en composition. Ses parents auraient tout lieu de se glorifier d'un tel fils si à ses aptitudes naturelles, à son goût du travail ne s'ajoutaient de grands défauts: Eugène est mal élevé, insolent, grossier parfois: aussi a-t-il peu d'amis.

Tout autre est le jeune Léon Ledru. Moins intelligent et bien moins instruit qu'Eugène Lesec, quoique plus âgé de près de deux ans, il a ce qui vaut davantage: une bonne éducation. Aussi ses bonnes manières, sa conduite exemplaire, sa politesse, le font rechercher de tous.

Questionnaire.

I. Dans cette lecture, quelle peinture vous fait-on d'Eugène Lesec? — Qu'y a-t-il à déplorer chez lui?

II. Mettez Lesec en parallèle avec le jeune Ledru, puis dites vers lequel vont vos préférences et pourquoi.

III. Que devez-vous faire pour acquérir les qualités qui distinguent Léon Ledru?

IV. Quand l'instruction et l'éducation se complètent, quels en sont les heureux effets?

RÉSUMÉ (à réciter).

1. — L'école est pour moi une seconde famille, car j'y trouve un maître que je vénère et respecte comme

un père, des camarades que j'aime comme des frères.

2. — Mon maître, en développant mon intelligence et en m'apprenant beaucoup de choses utiles, s'occupe de mon instruction.

3. — Quand il me fait aimer le bien, détester le mal, combattre mes mauvaises habitudes et me corriger de mes défauts, il s'adresse à mon cœur, exerce ma volonté et fait mon éducation.

4. — Une solide instruction nous permettra de gagner plus facilement notre vie, d'obtenir un bon emploi ; une éducation soignée nous fera rechercher de la bonne compagnie.

Maximes.

I. — Cherche à acquérir toutes les qualités qui peuvent faire de toi un homme distingué.

II. — Science sans conscience est la ruine de l'âme. (RABELAIS.)

Lectures

I. — Le danseur de corde et le balancier. (FLORIAN.) CUIR 2e livret, page 33. — Druez, éditeur.

II. — Camille, Adolphe et René. (DÈS, *Education morale et civique*, page 67. — Thorinaud, éditeur.)

---

3. — ASSIDUITÉ ET EXACTITUDE

LECTURE

Le petit Dubois. — Voici le petit Dubois qui gravit la côte : il marche vite car il veut arriver avant huit heures dans la cour de l'école où déjà se trouve M. Duhamel, le maître de service.

Aussi poli qu'exact, il s'avance, la casquette à la main et salue l'instituteur qui lui répond amicalement ; puis il se mêle aux jeux de ses camarades.

Depuis quatre ans qu'il fréquente l'école, le petit Dubois n'a que quelques absences dues à une indisposition.

Aussi ses progrès sont-ils rapides ; c'est avec facilité qu'il passe des camarades plus âgés mais moins exacts et moins assidus.

Questionnaire.

I. Pourquoi le petit Dubois gravit-il au plus vite la côte qui conduit à l'école?

II. Quelle est la conduite de cet élève à son arrivée.

III. Citez les deux causes qui permettent à Dubois de faire de grands progrès.

IV. Parlez des inconvénients que peuvent causer l'inexactitude et le manque d'assiduité dans la vie.

RÉSUMÉ (à réciter).

1. — Pour profiter des bienfaits de l'école, l'enfant doit la fréquenter régulièrement et ne pas attendre que la loi l'y contraigne.

2. — Sans assiduité, pas de progrès sérieux ; on se décourage parce qu'on voit les camarades plus avancés que soi.

3. — L'exactitude n'est pas moins nécessaire que l'assiduité. Si on arrive en retard, on manque les premiers exercices, on dérange les camarades et on se fait punir.

4. — Les heures perdues ne se rattrapent pas, dit un proverbe, mettons donc à profit tout notre temps de scolarité.

Maximes.

I. — Le bon écolier ne connaît pas l'école buissonnière.

II. — Celui qui manque l'école viole la loi morale et la loi civile.

Lectures.

I. — Devoirs d'exactitude. (LEGOUVÉ.) CUIR, *Morale*, page 25. — Druez, éditeur.

II. — Le prix d'une heure. (M. GUYAU, *Lecture courante*, page 58. — Colin, éditeur.)

---

4. — LE TRAVAIL DE L'ÉCOLIER

LECTURE

L'école est un sanctuaire.

« Chaque enfant qu'on enseigne est un homme qu'on gagne.
Quatre-vingt-dix voleurs sur cent qui sont au bagne,

Ne sont jamais allés à l'école une fois
Et ne savent pas lire et signent d'une croix.
C'est dans cette ombre-là qu'ils ont trouvé le crime. »

. . . .

L'école est sanctuaire autant que la chapelle.
L'alphabet que l'enfant avec le doigt épelle,
Contient sous chaque lettre une vertu ; le cœur
S'éclaire doucement à cette humble lueur.
Donc, au petit enfant, donnez le petit livre;
Songeons-y bien : l'école en or change le cuivre
Tandis que l'ignorance en plomb transforme l'or.

VICTOR HUGO, (*Les quatre vents de l'Esprit.*)

Questionnaire.

I. Que signifie ce vers : « Chaque enfant qu'on enseigne est un homme qu'on gagne ? »

II. Que deviennent généralement les enfants qui, au lieu de chercher à s'instruire, courent les rues?

III. Que signifie cette pensée : « L'école en or change le cuivre, tandis que l'ignorance en plomb transforme l'or ? »

IV. Comment se comporte 1° en classe ; 2° à la maison, l'écolier qui veut mener à bien ses études ?

RÉSUMÉ (à réciter).

1. — Tout travaille autour de moi ; je dois travailler aussi.

2. — L'enfant qui travaille à l'école répond aux sacrifices de ses parents et de l'Etat, fait plaisir à ses maîtres, s'instruit et se prépare un avenir meilleur.

3. — En classe il écoute avec attention, profite des conseils qu'on lui donne, est docile et fait en conscience sa tâche d'écolier.

4. — A la maison, il étudie ses leçons et fait ses devoirs du soir.

Maximes.

I. — L'écolier qui ne travaille pas est comme un cultivateur qui n'ensemencerait pas son champ à l'époque des semailles.

II. — Ecouter est, de toutes les manières d'apprendre, celle qui donne le moins de peine.

Lectures.

I. — Un bon écolier. (DIDEROT.) *Livre de morale* POIGNET et BERNAT, 11e leçon. — Godchaux, éditeur.
II. — Le devoir de s'instruire. (ERCKMANN-CHATRIAN, *Lectures morales et littéraires* de FORSANT et MORIN. — Juven, édit.)

---

5. — DEVOIRS ENVERS L'INSTITUTEUR

LECTURE

Reconnaissance de Carnot envers son instituteur. — Quand Lazare Carnot eut accompli sa tâche admirable d'Organisateur de la victoire, il se sentit pris du vif désir de revoir son village natal, Nolay, bourg de la Côte-d'Or.

Sa première visite fut pour son vieux maître qui exerçait à Nolay ses humbles fonctions. Il se dirigea donc vers l'école. A la vue du vieillard, blanchi par le travail et les ans, des larmes mouillèrent ses paupières et il se jeta dans ses bras. Se tournant alors vers les élèves en extase devant son uniforme tout couvert de dorures : « Voilà, dit-il en montrant le vieil instituteur, l'homme à qui je dois le plus après mes parents ; voilà mon second père. C'est ici, dans cette petite école, que j'ai appris à connaître, à aimer la France. »

Questionnaire.

I. Que savez-vous de Lazare Carnot ? — Pourquoi a-t-il été appelé « l'Organisateur de la victoire » ?

II. A quel bon sentiment obéit Carnot en réservant sa première visite à son ancien maître ?

III. En quels termes s'exprima Carnot en montrant aux jeunes élèves son vieil instituteur ?

IV. Quelles sont les raisons, pour lesquelles un élève doit témoigner à son maître son amour, son respect et sa reconnaissance ?

RÉSUMÉ (à réciter).

1. — L'instituteur remplace nos parents ; comme eux il nous aime ; comme eux il se dévoue pour nous.

2. — Il représente aussi l'Etat qui lui a confié la

tâche d'instruire les enfants et d'en faire des hommes éclairés et honnêtes.

3. — J'aimerai mon maître parce qu'il est pour moi un second père ; je le respecterai parce qu'il est mon supérieur; je lui obéirai parce qu'il ne commande que le bien ; enfin je lui garderai une profonde reconnaissance parce qu'il est, après mes parents, mon plus grand bienfaiteur.

Maximes.

I. — Enfant, crains d'être ingrat ; sois soumis, doux, sincère ; que celui qui t'instruit te soit un second père. (VOLTAIRE.)

II. — C'est être un monstre que de ne pas aimer ceux qui ont cultivé notre âme. (VOLTAIRE.)

Lectures.

I. — L'instituteur. (J.-J. RIVIÈRE.) DÈS, *Education morale et civique*, page 82. — Thorinaud, éditeur.

II. — L'écolier reconnaissant. (DEVINAT, *Livre de lecture et de morale*, p. 58. — Larousse, éditeur.)

---

6. — DEVOIRS ENVERS LES CAMARADES

LECTURE

Henry Martyn. — Dans son enfance, Henry Martyn était d'une constitution faible et délicate ; sa santé l'empêchait en général de prendre part aux jeux de l'école. Il n'en avait pas moins un caractère assez vif et un peu emporté. Ses camarades, qui s'en étaient aperçus, s'amusaient à le taquiner pour le mettre en colère. Comme ils étaient plus forts que lui, ses emportements les divertissaient au lieu de leur faire peur.

L'un des plus grands le prit cependant en amitié, précisément parce qu'il le voyait faible et opprimé ; il se fit son protecteur contre ceux qui le persécutaient, se battit au besoin pour lui et l'aida même dans ses devoirs.

Se sentant ainsi soutenu et encouragé, Henry Martyn commença par se guérir de ses accès de colère. Le calme de son grand camarade le forçait à rentrer en lui-même et à se modérer. Sous la direction du même ami, qui aimait le travail, il devint à son tour laborieux et obtint le premier rang à la fin de l'année. Sans cette heureuse rencontre, il aurait peut-être fort mal terminé ses études, comme il les avait mal commencées.

Rien de plus précieux que de trouver ainsi une bonne amitié au début de la vie.

MÉZIÈRES.

Morale et civique, Delagrave, éditeur.

Questionnaire.

I. Pourquoi Henri Martyn ne prenait-il pas part aux jeux de l'école ? — Sa santé n'influait-elle pas sur son caractère ?

II. Auriez-vous agi comme la plupart de ses camarades ? Pourquoi ?

III. De quelles qualités a fait preuve le protecteur d'Henri Martyn ?

IV. Y a-t-il encore d'autres devoirs à remplir envers les camarades ?

RÉSUMÉ (à réciter).

1. — L'école est une grande famille, et mes camarades sont comme des frères que je dois aimer, respecter et aider.

2. — Je leur rendrai service, je les consolerai quand ils seront dans la peine : je protégerai les faibles.

3. — Je n'imposerai pas mes volontés dans les jeux, je ne serai ni querelleur, ni rapporteur.

4. — Je ne me montrerai point orgueilleux de mes succès ni jaloux de ceux des autres.

5. — Je montrerai le bon exemple à mes camarades ; j'aurai une bonne conduite et de bonnes manières.

Maximes.

I. — La bonne camaraderie est le commencement de l'amitié.

II. — Dis-moi qui tu hantes, je te dirai qui tu es.

Lectures.

I. — Aux enfants qui vont quitter l'école. (JOUFFROY.) LUCIENNE, page 251. — Robbe, éditeur.

II. — Jacques le souffre-douleurs. (*Nos causeries*, GUIOT et MANE, page 128. — Delaplane, éditeur.)

7. — APRÈS L'ÉCOLE

LECTURE

L'école est une mère. — Mon enfant, tu vas quitter l'école. Cela te fait de la peine, n'est-ce pas? Je suis certaine que tu aimes cette vieille école où, pendant six ans, tu as eu la joie de travailler deux fois par jour, où tu as vu pendant si longtemps les mêmes écoliers, les mêmes maîtres, les mêmes parents, et ton père et ta mère qui t'attendaient en souriant; la vieille école où ton intelligence s'est ouverte, où tu as trouvé tant de bons amis, où chaque parole était prononcée pour ton bien! Les punitions t'ont également été utiles... Emporte ce souvenir, en adressant un adieu du plus profond de ton cœur à tes camarades. Beaucoup d'entre eux éprouveront des malheurs, ils perdront peut-être de bonne heure leur père ou leur mère; d'autres mourront jeunes, d'autres peut-être verseront leur sang noblement sur un champ de bataille; presque tous seront de braves et honnêtes ouvriers, pères de famille travailleurs et dignes de respect, et qui sait si, parmi tes camarades, il n'y en aura pas un qui rendra de grands services au pays et illustrera son nom? Sépare-toi d'eux affectueusement, laisse un peu de ton âme dans cette grande famille, où tu es entré petit enfant, d'où tu sors adolescent, et que ton père et ta mère aimaient tant, parce que tu y étais aimé! L'école est une mère, mon Henri. Elle t'a pris de mes bras quand tu parlais à peine et te rend à moi fort, bon, studieux. Qu'elle soit bénie, et toi, ne l'oublie jamais, mon fils! Tu deviendras homme, tu voyageras autour du monde, tu verras des cités immenses et de beaux monuments; mais tu te rappelleras toujours ce modeste édifice blanc, aux persiennes closes, au jardin ombragé, où germa la première fleur de ton intelligence; tu le verras jusqu'au dernier jour de ta vie, comme je me souviens, moi, de la maison où j'entendis ta voix pour la première fois.

Grands cœurs, Ed. Amicis, Delagrave, édit.

Questionnaire.

I. Pensez-vous qu'on puisse se séparer sans regret des camarades et des maîtres avec lesquels on a passé les six plus belles années de son enfance?

II. Devez-vous garder un mauvais souvenir des punitions qui ont pu vous être données à l'école ?

III. Quels moyens l'école met-elle à votre disposition pour vous faire revoir fréquemment vos anciens camarades de classe ?

IV. Comment pourrez-vous montrer votre reconnaissance et votre dévouement à l'école pour l'instruction et l'éducation que vous y aurez reçues?

RÉSUMÉ (à réciter).

1. — Quand j'aurai quitté l'école, je continuerai à m'instruire.

2. — Je fréquenterai les cours d'adultes, j'assisterai aux conférences, je lirai les livres de la bibliothèque et je ferai partie des diverses sociétés ou associations rattachées à l'école.

3. — Je n'oublierai pas mon maître, je le respecterai toujours et j'aurai souvent recours à ses bons conseils.

4. — Je me ferai inscrire parmi les membres d'une société de secours mutuels et lorsqu'on organisera des fêtes pour venir en aide aux enfants pauvres de l'école, on pourra toujours compter sur mon concours ou mon obole.

Maximes.

I. — Ce n'est pas tout d'acquérir des idées : il importe de les conserver. (Jules SIMON.)

II. — Les livres sont à l'âme ce que la nourriture est au corps. (SAINT-ÉVREMOND.)

Lectures.

I. — Le but de la vie. (JOUFFROY.) CAZES C. M. *Livre de lecture*, page 137. — Delagrave, éditeur.

II. — L'école du soir. (LUCIENNE C. M., page 138. — Robbe, éditeur.)

8. — L'ÉCOLE ET LA RÉPUBLIQUE.

LECTURE

C'est sur toi que nous comptons, petit missionnaire des idées modernes, petit élève de l'école primaire. Au sortir de la classe, montre à tes parents ce que tu en rapportes : tes livres, tes images. tes cahiers, le travail que tu as commencé. Redis-leur les récits, les beaux traits d'histoire ou de morale qu'on t'a racontés, tout ce qui a occupé ou intéressé ton esprit. Ils comprendront vite ce que vaut ton éducation, et à qui ils la doivent ; ils devineront le changement qui se fait peu à peu en toi, et sans doute il arrivera qu'en te voyant si appliqué et si heureux, ils échangeront un regard comme pour dire : « Ah ! si nous avions été élevés ainsi ! » Et, dissimulant leur émotion, ils t'embrasseront.

Questionnaire.

I. A qui doit-on, en France, les bienfaits de l'instruction gratuite et obligatoire pour tous ?

II. Que devez-vous faire pour prouver à vos parents que vous profitez des sacrifices que s'impose la République pour faire de vous des hommes instruits et de bons citoyens ?

III. Vos parents ont-ils eu pour s'instruire les mêmes facilités que vous ? — Pourquoi ?

IV. Quel est le ministre républicain qui a été l'organisateur de l'enseignement public en France ?

RÉSUMÉ (à réciter).

1. — Autrefois les rois ne faisaient rien pour l'instruction du peuple afin de le laisser dans l'ignorance et de pouvoir mieux le dominer.

2. — La République a rendu l'instruction obligatoire pour faire de tous non des sujets, mais des citoyens libres et éclairés.

3. — En même temps, sur la proposition de Jules Ferry, l'instruction a été rendue gratuite et laïque : Jules Ferry est le bienfaiteur des enfants du peuple.

4. — La République fait construire de belles écoles ; elle choisit et paie les instituteurs et les professeurs : c'est là un de ses plus beaux titres de gloire.

Maximes.

I. — Aimer l'école, c'est aimer la République.
II. — La République forme le citoyen par l'école.

Lectures.

I. — Un écolier de 1789. (ERCKMANN-CHATRIAN), LABOR page 65. *Dictées et exercices français.* — Garnier frères, édit.
II. — L'école. (V. LABOR, page 194. *Dictées et exercices français.* — Garnier frères, éditeurs.)

COMPOSITIONS FRANÇAISES

I. — Vous connaissez bon nombre de vieillards ne sachant ni lire, ni écrire. A quoi attribuez-vous cela? Y a-t-il de nos jours un aussi grand nombre de jeunes gens privés d'instruction ? Pourquoi ?

II. — Vous avez appris qu'un de vos cousins, qui habite la commune voisine, a manqué l'école plusieurs fois par sa faute. Vous lui écrivez pour lui montrer les dangers de son manque d'assiduité et les fâcheuses conséquences qui en résulteront pour lui s'il continue.

III. — Un de vos condisciples, qui passe pour querelleur et mauvais camarade, se plaint de ce qu'on paraît le fuir. Montrez-lui combien il gagnerait en traitant ses camarades avec plus de douceur, en se montrant complaisant envers eux.

IV. — En tout temps, c'est un devoir pour l'homme que de s'instruire. Que doit-on faire pour remplir ce devoir : 1° lorsqu'on est enfant ? 2° Quand on est adulte ?. (*C. E., Aube.*)

MOIS DE JANVIER

LA PATRIE

1. — La Patrie ; ce qui la constitue.
2. — Bienfaits de la Patrie.
3. — La France et ses grandeurs.
4. — Les malheurs de la France.
5. — Patriotisme et chauvinisme.
6. — La Marseillaise.
7. — Le Drapeau.
8. — Révision mensuelle.

---

1. — LA PATRIE, CE QUI LA CONSTITUE

LECTURE

Ce qu'est la patrie.

Le petit Franz me dit, l'œil plein de rêverie,
Comme je le faisais sauter sur mes genoux :
« Père, explique-moi donc ce qu'est cette Patrie
Dont on entend parler à chaque instant chez nous ! »
— Oh ! la patrie, enfant, c'est d'abord, à ton âge,
Peu de chose, vraiment : c'est moi, c'est mon amour,
C'est ta mère, tes sœurs, ton aïeul, le village,
La maison et la chambre où tu reçus le jour....
Mais lorsqu'un peu plus tard cette tête si folle
Saura, mon bon chéri, quelque peu se tenir,
Alors on t'apprendra, sur les bancs de l'école,
Ce qu'ont mis nos aïeux de temps pour réunir
Tous ces morceaux divers qui forment notre France,
Et qu'il fallut gagner pied à pied, brin à brin,
Des rivages bretons aux vieux ports de Provence
Et des monts du Béarn jusques aux bords du Rhin.
Tu comprendras devant ce trésor, d'âge en âge

Grossi par nos aïeux sans cesse triomphants,
Que, pour nous, la Patrie est le saint héritage
Que les pères mourants doivent à leurs enfants...

E. SIEBECKER.

(*Poésies d'un vaincu*, Berger-Levrault, édit.).

Questionnaire.

I. Que demande le petit Franz à son père lorsque celui-ci le fait sauter sur ses genoux?

II. Quelle idée le père lui donne-t-il de ce qu'est la patrie, d'abord pour un enfant comme lui, ensuite pour ceux qui ont appris à connaître la France?

III. Quels sont les livres qui aident le plus les enfants à connaître leur patrie?

IV. Pouvez-vous dire à votre tour ce qui constitue la patrie?

RÉSUMÉ (à réciter).

1. — La patrie c'est la terre de nos pères.

2. — La patrie, c'est le village où je suis né, où demeurent mes parents et mes amis, et que je quitterais avec peine.

3. — Ce sont tous les villages, toutes les villes qui obéissent aux mêmes lois et ont un même gouvernement, c'est la France.

4. — Ce sont encore tous les hommes qui ont la même origine, la même histoire, qui parlent la même langue, ont les mêmes mœurs.

Maximes.

I. — C'est la cendre des morts qui créa la patrie. »

II. — La famille est une petite patrie, la patrie est une grande famille.

Lectures.

I. — La Patrie. (O. AUBERT. POIGNET et BERNAT, 17e leçon. *Livre de morale*. — Godchaux, éditeur.

II. — Leçon d'un vieil oncle à Vincennes. (E. SOUVESTRE.) *Un philosophe sous les toits*, page 177. — Calmann-Lévy, édit.

2. — BIENFAITS DE LA PATRIE

LECTURE

La leçon de l'aîné. — « Mon frère, quand tu sommeilles tranquille dans ton petit lit, tu ne sais pas combien d'hommes veillent pour te garder !

» Tu ne sais pas que la Patrie tout entière protège le berceau de ses enfants !

» Dors, mon petit frère, dors. Pendant que tu reposes, nos soldats, nos frères aînés, par milliers sous les armes, veillent pour la sûreté de tous, et défendent la Patrie contre les ennemis étrangers.

» Pendant que tu reposes, les magistrats, gardiens de la justice, et les défenseurs armés de la loi, te protègent contre les agressions des malfaiteurs.

» Ils veillent tous pour que les petits enfants de la Patrie puissent dormir tranquilles dans leurs berceaux ; pour que rien ne trouble les mères dans le soin de la famille ; pour que les pères, en paix, puissent gagner le pain qui nourrira les enfants.

» Dors, mon petit frère, dors. Quand tu seras grand, tu viendras avec nous auprès des maîtres dévoués que la Patrie a chargés d'instruire ses enfants, et ensemble à l'école nous apprendrons à aimer cette Patrie, à aimer la France. »

BRUNO.

(*L'adolescent*, Belin frères, édit.).

Questionnaire.

I. Quel sentiment cet aîné veut-il faire germer dans le cœur de son petit frère en l'endormant ?

II. Où a-t-il appris tout ce qu'il dit à son jeune frère ? Quels sont les corps constitués dont il veut parler ?

III. Les enfants profitent-ils dès le plus jeune âge des services organisés par la patrie ?

IV. Connaissez-vous d'autres bienfaits de la patrie que ceux énumérés ici par l'enfant ? Si, oui, citez-les.

RÉSUMÉ (à réciter).

1. — La Patrie, comme une bonne mère, nous comble d'innombrables bienfaits.

2. — Par sa police, elle fait régner l'ordre et protège notre personne et nos biens.

3. — Par son armée et sa flotte, elle nous fait respecter des étrangers et assure la sécurité et l'intégrité de notre territoire.

4. — Par ses lois protectrices, par ses écoles, ses routes, ses institutions de prévoyance et ses établissements de bienfaisance, elle contribue au bonheur de tous et soulage l'infortune.

Maximes.

I. — La patrie, comme une bonne mère, protège ses enfants et veille à leurs besoins.

II. — La patrie nous donne mille plaisirs habituels que nous ne connaissons bien qu'après les avoir perdus. (Mme DE STAEL.)

Lectures.

I. — Les Bienfaits de la Patrie. (*Le Petit Français*, Ch. BIGOT.) — Delarue, éditeur.

II. — La France. (A. DÈS, *Education morale*, page 197.) — Thorinaud, éditeur.

---

3. — LA FRANCE ET SES GRANDEURS

LECTURE

« **La France.** — La voilà, cette France, assise par » terre, comme Job, entre ses amies les nations, qui » viennent la consoler, l'interroger, l'améliorer, si » elles peuvent, travailler à son salut.

« Où sont tes vaisseaux, tes machines ? » dit l'An» gleterre. — Et l'Allemagne : « Où sont tes systèmes ? » N'auras-tu donc pas au moins, comme l'Italie, des » œuvres d'art à montrer ? »

» Bonnes sœurs, qui venez consoler ainsi la France, » permettez que je vous réponde. Elle est malade, » voyez-vous ; je lui vois la tête basse, elle ne veut » pas parler.

» Si l'on voulait entasser ce que chaque nation a » dépensé de sang et d'or, et d'efforts de toute sorte, » pour les choses désintéressées qui ne devaient pro-

» fiter qu'au monde, la pyramide de la France irait » montant jusqu'au ciel. Et la vôtre, ô nations, toutes » tant que vous êtes ici, ah ! la vôtre, l'entassement » de vos sacrifices, irait au genou d'un enfant.

» Ne venez donc pas me dire : « Comme elle est » pâle, cette France ! » Elle a versé son sang pour » vous... — « Qu'elle est pauvre ! » Pour votre cause, » elle a donné sans compter... Et n'ayant plus rien, » elle a dit : « Je n'ai ni or ni argent: mais ce que j'ai, » je vous le donne... » Alors elle a donné son âme, et » c'est de quoi vous vivez. »

La France est le pays de l'invincible espérance, de l'activité et du génie. Ecrasée, mutilée parfois, découragée jamais, elle a travaillé en silence, après chaque échec, à son relèvement et y est toujours parvenue.

Aujourd'hui, grâce au courage de ses enfants, à son sol fertile, à son commerce actif et à son industrie dont certains produits sont uniques au monde, elle tient un des premiers rangs parmi toutes les nations de l'univers.

MICHELET.

Questionnaire.

I. Dans quel état vous dépeint-on ici la France et qu'essayent de faire pour elle les nations amies?

II. Quelle belle leçon leur donne l'une d'elles et sur quoi base-t-elle son raisonnement?

III. En dehors des sacrifices que la France s'est imposés pour les autres nations, citez les titres de gloire qu'elle a acquis dans le monde.

IV. Par quels moyens chaque citoyen peut-il, selon la position sociale qu'il occupe, aider à la grandeur de la Patrie?

RÉSUMÉ (à réciter).

1. — Nous devons être fiers de notre Patrie, car la France est un pays de justice et de liberté. C'est en outre la terre classique du dévouement, du génie et de l'honneur.

2. — Dans sa célèbre Déclaration des droits de l'Homme, la France a proclamé que tous ses enfants naissent libres et égaux.

3. — Sa générosité l'a maintes fois poussée à aider les peuples opprimés à conquérir leur indépendance,

et c'est elle qui, la première, a aboli la traite des nègres et l'esclavage dans ses Etats.

4. — Toutefois elle trouve son plus beau titre de gloire dans la brillante phalange de grands hommes qu'elle a produits et dans l'activité industrielle, agricole et commerciale de ses habitants.

Maximes.

I. — Le jour où la France s'éteindrait, le crépuscule se ferait sur toute la terre. (Victor HUGO.)

II. — Tout homme a deux Patries, le pays où il est né et la France. (JEFFERSON.)

Lectures.

I. — Rôle de la France dans le monde. (Louis BLANC.) CUIR, *Morale*, page 37. — Druez, éditeur.

II. — L'âme de la France. (MICHELET.) BEAUFILS, *Grammaire*, page 179. — Hatier, éditeur.

---

4. — LES MALHEURS DE LA FRANCE

LECTURE

Aimons surtout la Patrie dans le malheur. — Il n'y a pas que la France glorieuse, la France émancipatrice et initiatrice du genre humain ; la France d'une activité merveilleuse et, comme on l'a dit, la France nourrice générale des idées du monde, qu'il faut aimer ; il y a une autre France que je n'aime pas moins, une autre France qui m'est encore plus chère, c'est la France misérable, c'est la France vaincue et humiliée, c'est la France qui est accablée, c'est la France qui traîne son boulet depuis quatorze siècles, la France qui crie, suppliante, vers la justice et vers la liberté ; la France que les despotes poussent constamment sur les champs de bataille, sous prétexte de liberté, pour lui faire verser son sang par toutes les artères et par toutes les veines ; la France que, dans sa défaite, on calomnie, que l'on outrage : oh ! cette France-là, je l'aime comme on aime une mère ; c'est à celle-là qu'il faut faire le sacrifice de sa vie, de son amour-propre et de toutes les jouissances égoïstes ; c'est de celle-là qu'il faut dire : « Là où est la France, là est la patrie. »

GAMBETTA.

Questionnaire.

I. Gambetta a-t-il raison de dire qu'il aime encore plus la France malheureuse que la France glorieuse ? Pourquoi ?

II. Par qui et sous quel prétexte la France a-t-elle souvent été conduite aux pires catastrophes ?

III. Dans les jours de malheur doit-on se laisser aller au désespoir et abandonner la France à son triste sort ? Si non, dites pourquoi et appuyez votre affirmation sur des faits historiques.

IV. Comment, et grâce à qui la France a-t-elle pu se relever des désastres occasionnés par la guerre de 1870 ?

RÉSUMÉ (à réciter).

1. — La France a parfois connu des jours bien tristes ; cependant elle est aujourd'hui une des premières nations du monde.

2. — Toutes les fois que ses maîtres n'ont pas respecté la justice, elle a été déchirée par les guerres civiles.

3. — Des monarques ambitieux ou incapables l'ont parfois conduite aux défaites et à la honte ; d'autres l'ont ruinée par leur luxe.

4. — En 1870, envahie par suite de l'incapacité de Napoléon III, elle a perdu l'Alsace, une partie de la Lorraine et a dû payer une contribution de guerre de cinq milliards.

5. — Grâce au patriotisme de ses habitants et à la sagesse de son gouvernement, elle a pu travailler en paix à son relèvement, et aujourd'hui il faut compter avec elle.

Maximes.

I. — Si on doit aimer la patrie, c'est surtout dans l'adversité.

II. — Celui qui ne fait rien pour la France n'est pas digne du beau nom de F

Lectures.

I. — La Patrie. (CORMENIN, CUIR, *Récitation* 1er livret, n° 26.) — Druez, éditeur.
II. — La France et Napoléon. (THIERS.) CUIR, *Morale*, p. 40. — Druez, éditeur.

---

5. — PATRIOTISME ET CHAUVINISME

LECTURE

Un exemple du chauvinisme. — Enfants, vous avez une grande patrie : elle s'appelle la France.

« Aimez la France ! Aimez-la d'un amour ardent, mais aussi raisonné ! Loin de moi l'idée de blâmer quelqu'un s'il se vante d'être d'un autre pays : tout homme a le devoir d'être fier de sa nation. Mais alors pourquoi, nous Français, aurions-nous la coupable pensée de renier notre chère France ?

» Avec une trop bruyante ardeur, il est des personnes qui se laissent glisser vers l'excès contraire : mal à propos, elles glorifient quelquefois notre France. Pour elles, la France est la première nation du monde ; la France est toujours invincible ; nul ne saurait résister à ses armes toujours victorieuses. Ces gens-là, comme on dit, ne rêvent que plaies et bosses ; écoutons-les et nous serons entraînés dans les pires aventures ; vienne le danger, ces fanfarons s'effacent et disparaissent.

» Mes amis, fuyons ces deux extrêmes : *ne renions pas notre patrie ; ne l'exaltons pas sottement.* Vous, mes enfants, pour le moment vous avez un devoir patriotique à remplir : étudiez avec ardeur, avec amour votre histoire nationale. Alors naîtra, se formera, se développera en vous le véritable patriotisme, celui qui s'exprime simplement, avec conviction, en connaissance de cause : son langage est l'écho de la raison et de la sagesse. A l'avenir, vous pourrez juger et apprécier votre pays ; mais le connaître, c'est aussitôt l'aimer. »

Questionnaire.

I. Quels précieux conseils nous donne l'auteur de cette lecture ?

II. Lorsque l'amour de la patrie est raisonné, réfléchi, de quel beau nom l'appelez-vous ?

III. Quelle différence établissez-vous entre le patriotisme et le chauvinisme ?

IV. Les enfants peuvent-ils déjà montrer qu'ils aiment leur patrie? Comment?

RÉSUMÉ (à réciter).

1. — Le patriotisme c'est l'amour de la patrie. Ce sentiment naturel fait qu'on se dévoue, qu'on se sacrifie pour sa patrie et qu'on respecte ses lois et ses institutions.

2. — Aimer sa patrie, c'est remplir chaque jour tous ses devoirs, c'est être bon écolier, bon ouvrier, bon soldat, bon citoyen.

3. — L'amour de la patrie ne doit pas nous pousser au chauvinisme, patriotisme irraisonné qui nous aveugle sur nos défauts et les mérites des autres peuples.

Maximes.

I. — Le chauvinisme est tout en paroles, le vrai patriotisme est surtout en action.

II. — Il n'y a pas de gloire comparable à celle du citoyen qui meurt pour son pays.

Lectures.

I. — Trois instituteurs patriotes. (COMPAYRÉ, *Eléments d'éducation civique et morale*, page 63. — Delaplane, édit.)

II. — Mlle Dodu. (COMPAYRÉ. *Eléments d'éducation civique et morale*. — Delaplane, édit.)

6. — LA MARSEILLAISE

LECTURE

Le chant national français. — Rouget de l'Isle, officier du génie en garnison à Strasbourg, composa dans une seule nuit, en avril 1792, les paroles et la musique de l'hymne célèbre qui est devenu notre chant national. Paris étonné entendit un jour les volontaires marseillais, accourus pour la défense du pays, entonner ce chant sublime, et de là son nom de Marseillaise. La Marseillaise fut la véritable réponse au défi porté contre nous par l'Europe coalisée. Les bataillons, poussés à la frontière, ne marchaient plus qu'aux mâles accents de la Marseillaise. Un général écrivait : « Nous nous sommes battus un contre dix, mais la Marseillaise combattait à nos côtés. » Et un autre : « Envoyez mille hommes et un exemplaire de la Marseillaise, et je réponds de la victoire. » Semblable à ces drapeaux sacrés suspendus aux voûtes des temples, qu'on ne sort qu'à certains jours, on garde le chant national comme une arme suprême pour les grandes nécessités de la Patrie.

LAMARTINE.

Questionnaire.

I. Que savez-vous de Rouget de l'Isle et que lui devons-nous ?

II. Pourquoi a-t-on appelé notre chant national la Marseillaise ?

III. Quel effet produisit ce chant sur les soldats de la Révolution ? Quelle haute idée en avait un général et qu'en disait-il ?

IV. Qu'entend-on par hymne national ? Dans quelles circonstances et comment doit être chantée et écoutée la Marseillaise ?

RÉSUMÉ (à réciter).

1. — Chaque nation a un chant patriotique qu'elle vénère entre tous et qu'on appelle hymne national ; le nôtre est la Marseillaise.

2. — La Marseillaise est due à un jeune officier, Rouget de l'Isle, qui la composa en 1792.

3. — Ce chant sublime fut la véritable réponse du défi porté contre nous par l'Europe coalisée. Il fit vaincre nos soldats à Valmy et engendra les héros de la Révolution.

4. — De nos jours, il est de toutes les fêtes et c'est encore lui qui mène nos soldats au combat.

5. — La Marseillaise doit être chantée ou écoutée avec respect.

Maximes.

I. — Écoute avec respect le chant national de ta mère patrie.

II. — La Marseillaise fit trembler les rois et immortalisa les héros de la Révolution.

Lectures.

I. — Lire ou apprendre quelques strophes de la Marseillaise.

II. — Analyse de la Marseillaise. (Edgar QUINET.) — DEVINAT, *Livre de lecture et morale*, C. M., page 104. — Larousse, édit.

---

7. — LE DRAPEAU

LECTURE

Les trois couleurs.

Les connais-tu, les trois couleurs,
Les trois couleurs de France ?
Celles qui font rêver les cœurs
De gloire et d'espérance :
Bleu céleste, couleur du jour,
Rouge de sang, couleur d'amour,
Blanc, franchise et vaillance !

Le drapeau, quand tonne l'airain,
Comme un guerrier tressaille ;
Il bat, il s'enfle comme un sein
Au vent de la bataille.
Dans la mêlée, ah ! qu'il est beau,
Lorsqu'il n'est plus qu'un noir lambeau
Étoilé de mitraille !

Jusqu'à la mort on le défend,
O sublime folie !
Et quand on revient triomphant,
Vers sa loque chérie
Les yeux sont, de larmes remplis,
Car le drapeau garde en ses plis
L'âme de la patrie !

Qu'il frissonne au soleil joyeux,
Ou qu'il flotte sur l'onde,
Lorsque la paix rit sous les cieux
Ou quand la guerre gronde,
France, il entraîne tous les cœurs,
Lui qui porta dans ses couleurs
La liberté du monde !

G. GOURDON.

Questionnaire.

I. Que signifient ces deux beaux vers ? « Le drapeau, quand tonne l'airain, comme un guerrier tressaille ? »

II. Pourquoi les soldats ont-ils les yeux pleins de larmes quand ils reviennent triomphants en regardant le drapeau ?

III. Où voit-on ordinairement flotter le drapeau tricolore ? Il est parfois cravaté de crêpe, pourquoi ?

IV. Quels sont nos devoirs envers le drapeau : 1° dans la vie civile en temps de paix ; 2° au régiment en temps de guerre ?

RÉSUMÉ (à réciter).

1. — Le drapeau est l'emblème de la patrie.

2. — C'est aussi l'âme du régiment, et c'est vers lui que se tournent les regards au moment du danger.

3. — Le drapeau français, qui date de 1789, est bleu, blanc, rouge.

4. — Je respecte le drapeau, image de la patrie, comme je regarde avec amour le portrait de ma mère.

5. — Je le salue quand il passe, je le contemple avec admiration lorsqu'il frissonne au soleil joyeux ou qu'il flotte sur l'onde, et je mourrais au besoin pour lui.

Maximes.

I. — Là où est le drapeau, là est la patrie.

II. — Le drapeau tricolore a fait le tour du monde avec le nom, la gloire et la liberté de la patrie. (LAMARTINE.)

Lectures.

I. — Le 23e porte-drapeau. (Alp. DAUDET. — Charpentier et Fasquelle, édit.)

II. — La garde du drapeau. (Général HUBERT de la HAYNIE.) POIGNET, *Livre de morale*, 21e leçon. — Godchaux, éditeur.

COMPOSITIONS FRANÇAISES

I. — Qu'est-ce que la patrie? — Quels bienfaits nous assure-t-elle ? — Quels sont nos devoirs envers elle?

II. — Prouvez par des exemples pris dans l'histoire que la France a toujours su se relever de ses malheurs, qu'il ne faut jamais désespérer d'elle.

III. — Le drapeau français : décrivez-le. — Quand fut-il créé et par qui ? — Culte qu'on lui doit et pourquoi ? — Montrez par des exemples jusqu'où nos soldats ont poussé parfois ce culte.

IV. — Dites ce que c'est qu'un chant national ? — Quel est le nôtre, d'où lui vient son nom, quand et par qui a-t-il été composé? — Quelle est sa principale signification ; dans quelle occasion le fait-on entendre et comment doit-on le chanter et l'écouter ?

(C. E. Nord.)

MOIS DE FÉVRIER

DEVOIRS ENVERS LE CORPS

1. — **Devoirs envers soi-même : Dignité personnelle.**
2. — **Vie : Hygiène : Propreté.**
3. — **Hygiène. — Les exercices physiques.**
4. — **La tempérance. — La gourmandise.**
5. — **L'ivrognerie.**
6. — **L'alcoolisme.**
7. — **Les boissons.**
8. — **Le tabac.**

Révision mensuelle.

1. — DEVOIRS ENVERS SOI-MÊME DIGNITÉ PERSONNELLE

LECTURE

Les marques. — Un père avait décidé avec son fils que ce dernier planterait un clou dans un poteau chaque fois qu'il commettrait une faute, et qu'il en arracherait un lorsqu'il l'aurait réparée.

Au bout de quelques années, le poteau était entièrement couvert de clous. Le jeune homme s'alarma du nombre de fautes commises et se promit de réparer sa conduite. Les clous disparurent un à un. Le jour où il n'y eut plus un seul clou sur le poteau, le père, les larmes aux yeux, serra son fils sur son cœur en applaudissant à sa conduite ; mais le jeune homme ne répondit pas à ses caresses ; il détourna les yeux. « Pourquoi cette tristesse ? Réjouis-toi ; les clous ont disparu. » Le jeune homme secoua la tête et son regard s'attacha sur le poteau : « C'est vrai, mon père, les clous ont disparu, mais les marques y sont encore ».

H. Berthoud. (Lebaigue, *Pour nos fils.*)

Belin frères, éditeurs.

Questionnaire.

I. Quelle convention ce père fait-il avec son fils et dans quel but ?

II. Pourquoi, au bout de quelques années, le fils s'alarme-t-il ? Quelle résolution prend-il ?

III. A quel sentiment manque celui qui ne se respecte pas ou qui s'écarte de la voie du bien ?

IV. Quelle est la faculté qui rend l'homme responsable de ses actes et quel est pour lui le meilleur moyen de n'avoir jamais de fautes à réparer ?

RÉSUMÉ (à réciter).

1. — L'homme est supérieur aux animaux par l'intelligence et par le cœur. Cette supériorité s'appelle la dignité humaine.

2. — Son intelligence le fait raisonner et le rend responsable ; son cœur lui donne des impulsions presque toujours en rapport avec la culture intellectuelle reçue.

3. — Un cœur pur dans un corps sain, une intelligence cultivée, voilà la fin que chacun de nous doit se proposer.

4. — Celui qui ne se respecte pas, qui donne libre cours à ses passions, se rapproche de l'animal. L'homme fort se fait violence et se débarrasse de ses défauts.

Maximes.

I. — Respecte en toi et dans les autres la dignité humaine.

II. — Quand le corps est faible, il commande : quand il est fort, il obéit. (J. J. ROUSSEAU.)

Lectures.

I. — L'Hermine et le Rat. (LA CHAMBEAUDIE, *Fables*. — Delagrave, édit.)

II. — Le corps et l'âme. (P. GÉRARD.) CUIR, *Récitation* 2e livret, n° 37. — Druez, éditeur.

2. — VIE ET PROPRETÉ

LECTURE

Le suicide de Genouillet. — Ils étaient six, dans cette malheureuse famille des Genouillet. Le père, manœuvre, était sans travail depuis un mois et sa femme venait de tomber malade. Les quatre enfants sans pain grelottaient devant le poêle sans feu et criaient : « J'ai froid, j'ai faim. » Ces cris fendaient l'âme de Genouillet qui, sortant brusquement de la mansarde glacée, courut dans la rue, s'arrêta à la devanture d'un boulanger et avança la main pour voler une belle miche dorée. Mais sa fierté se révolta. Il s'enfuit tout honteux, pleura longtemps dans la rue déserte et tout à coup, courut se jeter dans la rivière. Trois jours après son cadavre fut retrouvé. Ce fut pour sa femme un coup terrible. Elle fut épouvantée de sa détresse.

Un instant elle eut la pensée d'en finir, elle aussi, par la mort. Mais son cœur protesta. Cela lui parut *indigne d'elle !*

Elle embrassa longuement ses enfants, les mouilla de ses larmes et se dit à elle-même :

« Votre père vous aimait, puisqu'il s'est donné la mort pour éviter le spectacle de vos souffrances; moi, je vous aimerai davantage en consacrant ma vie à vous épargner l'abandon et la faim. Je lutterai sans relâche; je vous serai fidèle jusqu'au bout. Je vous aiderai de mon travail et vous envelopperai de ma tendresse. S'il faut mourir, eh bien ! nous mourrons ensemble. Je ne vous quitte pas. *C'est bien là mon devoir.* »

Extrait du Livre de lecture et de morale, DEVINAT. Larousse, édit.

Questionnaire.

I. Dépeignez le triste sort de la famille Genouillet et dites à quoi avait songé le père avant de se suicider.

II. Comparez la conduite de la femme de Genouillet à celle de son mari et donnez votre appréciation.

III. Que pensez-vous du suicide sous quelque forme qu'il se produise ?

IV. La malpropreté n'est-elle pas une forme lente du suicide ? Pourquoi ?

RÉSUMÉ (à réciter).

1. — Le premier devoir envers le corps est la conservation de la vie ; et la première condition de la santé est l'hygiène.

2. — Le suicide est une lâcheté que la loi morale réprouve, et la malpropreté est un manque de dignité qui ne trouve aucune excuse.

3. — Pour se bien porter, il faut avant tout être propre. Être propre, c'est se laver tous les jours la figure, les mains, les dents, prendre fréquemment des bains, se soigner la chevelure.

4. — Il faut aussi brosser ses vêtements, cirer ses souliers et ne rien garder de malpropre dans son habitation ou aux alentours.

5. — Les personnes malpropres inspirent le dégoût et s'exposent aux maladies graves.

Maximes.

I. — Ne déserte pas la vie : le suicide est une lâcheté.

II. — La propreté est à l'homme ce que le parfum est à la fleur.

Lectures.

I. — Le suicide. (J. J. Rousseau, Cazes, *Livre de lecture*, Cours moyen, page 27. — Delagrave, éditeur.)

II. — La propreté, Stahl. (Poignet, *Livre de morale*, 28e leçon. — Godchaux, éditeur.)

---

3. — HYGIÈNE. — LES EXERCICES PHYSIQUES

LECTURE

Histoire du général de Béthencourt. — En l'année 1800, le général de Béthencourt parvint à franchir un précipice des Alpes grâce à la gymnastique.

Il marchait à la tête de ses hommes dans un sentier de la montagne, lorsque tout à coup le sentier s'interrompt au bord de l'abîme.

Une avalanche de neige et de pierres avait emporté le pont qui se trouvait en cet endroit : au fond de l'abîme grondait un torrent, si profond qu'on ne pouvait le voir.

Vous auriez été bien embarrassés alors, vous, pour passer de l'autre côté !

Le général se penche sur l'abîme, regarde :

« Il faut pourtant que nous passions, dit il. La gymnastique viendra à notre aide. »

Sur son ordre, on lance adroitement de l'autre côté du gouffre une corde munie d'un nœud coulant, et on réussit à l'attacher à un tronc d'arbre.

Cette corde tendue d'un bord à l'autre au-dessus de l'abîme sombre est le seul pont possible.

« En avant ! dit le général, c'est à moi de voir si la corde est solide. »

Il saisit la corde avec ses bras musculeux, s'y suspend et passe ainsi d'un bord à l'autre.

Ses soldats l'imitent, et un millier d'hommes franchissent le précipice. BRUNO.

Les Enfants de Marcel. — Belin frères, éditeurs.

Questionnaire.

I. Qu'est-ce qui permit au général de Béthencourt et à son régiment de franchir facilement un précipice des Alpes?

II. Citez les meilleurs exercices physiques qui conviennent : 1° aux enfants ; 2° aux adultes?

III. Comment appelle-t-on l'ensemble des règles à observer pour se fortifier et jouir d'une bonne santé ?

IV. Quelles qualités peuvent nous faire acquérir les exercices physiques?

RÉSUMÉ (à réciter).

1. — L'hygiène est l'ensemble des règles qu'il faut suivre et des précautions qu'il faut prendre pour être bien portant et fort.

2. — Après la propreté, l'hygiène nous recommande les exercices physiques et la tempérance.

3. — Elle nous met en garde contre les précautions minutieuses et exagérées qui, au lieu de fortifier le corps, ne font que le prédisposer aux maladies.

4. — Les meilleurs exercices physiques sont : les

jeux, la marche, la course, le cyclisme modéré, la gymnastique et la natation.

5. — Tous ces exercices fortifient, donnent de l'adresse, de l'agilité, engendrent la bonne humeur, le sang-froid, la volonté et l'esprit de décision.

Maximes.

I. — Hygiène donne chancé de longue vie.

II. — « L'exercice est une des meilleures provisions de santé. » (BACON.)

Lectures.

I. — Veillons à notre santé grâce à l'hygiène. (FLEURY, *Carnet de morale*, CUIR, page 46. — Druez, éditeur.)

II. Nécessité de la gymnastique, G. DURUY. (POIGNET, *livre de morale*, 27e leçon. — Godchaux, éditeur.)

---

4. — LA TEMPÉRANCE. — LA GOURMANDISE

LECTURE

Une bonne leçon de tempérance. — Tandis que le jeune Cyrus était à la cour du roi Astyage, son grand-père, il remplit un jour la fonction d'échanson; mais avant de verser à boire, il ne goûta point, comme c'était l'usage, la liqueur qu'il servait. Astyage s'en aperçut et lui en demanda la raison. « Je craignais, dit Cyrus, que cette liqueur ne fût du poison; et voici ce qui me le faisait croire : J'ai remarqué l'autre jour, pendant le repas que vous avez donné aux seigneurs de votre cour, qu'après en avoir bu un peu, vous étiez, vous et eux, tout différents de ce que vous êtes habituellement. Vous ne faisiez pas de difficultés de vous permettre ce que vous nous défendiez, à nous qui ne sommes que des enfants. Vous criiez tous à la fois, et vous ne vous entendiez pas. Vous chantiez de la façon la plus ridicule, et vous croyiez pourtant chanter le mieux du monde. Bien plus, lorsque vous vous êtes levés pour danser, non seulement vous ne dansiez pas en mesure, mais vous ne pouviez pas même vous soutenir. En un mot, vous paraissiez avoir oublié, vous, que vous étiez le roi, et vos convives, qu'ils étaient vos sujets. — Dites-moi donc, mon fils, reprit Astyage, n'arrive-t-il pas la même chose à votre père? — Jamais, répondit Cyrus ; quand il a bu il cesse d'avoir soif.

CLARISSE JURANVILLE.

Education morale, Larousse, édit.

Questionnaire.

I. Que veut dire Cyrus par ces mots : « Jamais ; quand il a bu il cesse d'avoir soif ? »

II. Qu'avait remarqué Cyrus dans la tenue et le langage de son grand-père Astyage et de ses convives ?

III. Pensez-vous que manger trop vaille mieux que boire avec excès ?

IV. A qui ressemble l'enfant gourmand et comment agit-il avec ses frères et sœurs ?

RÉSUMÉ (à réciter).

1. — La tempérance c'est la modération dans les plaisirs des sens et particulièrement dans le boire et le manger.

2. — Trop manger c'est être gourmand ; boire avec excès c'est être ivrogne. Les excès de table prédisposent aux maladies et alourdissent l'intelligence.

3. — L'enfant gourmand est malpropre à table, car il mange à la façon de la bête qui craint de ne pas avoir sa part.

4. — Son vilain défaut le rend de plus égoïste, car il ne veut jamais partager une friandise avec un frère ou une sœur : on n'aime pas le gourmand.

Maximes.

I. — Le gourmand creuse sa fosse avec ses dents.

II. — Il faut manger pour vivre et non pas vivre pour manger.

Lectures.

I. — La mort choisissant son premier ministre. FLORIAN, CUIR, *Récitation* 2e livret, n° 41. — Druez, éditeur.

II. — La Sobriété. (*Livre de morale et de lecture*, DEVINAT, page 122. — Larousse, édit.)

5. — L'IVROGNERIE

LECTURE

L'Ivrogne. — « Ohé! Flambard! Accourons tous. Voici Flambard! Il a encore bu sans soif! Quel plaisir! Nous allons rire et passer du bon temps! »

Par ces paroles de mauvais goût, des enfants, un matin, en sortant de l'école, poursuivaient un malheureux tout déguenillé. Pierres et boules de neige pleuvaient à l'envi sur le dos du pauvre diable. Encore une fois, répétons-le : cet âge est sans pitié!

Flambard était jeune encore, trente-cinq ans à peine. Facilement on lui aurait donné trente ans de plus, tant il paraissait amaigri, voûté, cassé! Le dos courbé, les joues et le front sillonnés de profondes rides, il n'avait plus d'autre expression sur le visage que celle de l'imbécilité.

L'ivrogne répondait aux injures par quelques paroles incohérentes, prononcées d'une voix hésitante et rauque. Il titubait sur les jambes, zigzaguait; avec peine, il montrait aux enfants un poing impuissant. Enfin, de guerre lasse, il se laissa choir comme une masse, sur un tas de fumier. Il y resta, jusqu'au soir, profondément endormi.

Les villageois passaient et haussaient les épaules. Tous manifestaient leur profond dégoût pour cet être vil, méprisable, chez qui on ne reconnaissait plus rien d'humain. Tel un chien affreux, crotté, couvert de plaies, que des maîtres peu généreux ont dédaigneusement abandonné dans la rue!

Nos Causeries, Guiot et Mane, Delaplane, édit.

Questionnaire.

I. A quel jeu se livraient un jour les enfants dont il est ici parlé?

II. Faites le portrait de l'ivrogne et dites quelle était l'expression de son visage.

III. Comment se termina cette triste scène et quel sentiment inspirait aux passants l'être abêti et repoussant, qu'était Flambard?

IV. Citez quelques-unes des funestes conséquences de l'ivrognerie et dites ce que vous pensez du petit verre avant le repas.

RÉSUMÉ (à réciter).

1. — L'ivrognerie, ou l'habitude de s'enivrer, est le vice honteux de celui qui boit sans soif.

2. — L'ivresse détruit la raison et conduit parfois au crime. « L'ivrogne qui entre dans un cabaret n'est pas sûr de ne pas entrer en prison le lendemain. »

3. — La débauche tue l'homme, et le petit verre pris avant le repas, loin d'exciter l'appétit, ne fait qu'amener de grands troubles dans l'organisme et paralyse la volonté.

4. — C'est l'ivrognerie qui vide l'armoire, laisse le lit sans matelas et l'âtre sans feu : honte à l'ivrogne !

Maximes.

I. — L'homme ivre, c'est l'homme diminué. (RIVAROL.)

II. — L'ivrogne boit le sang de ses enfants.

Lectures.

I. — Le lundi bleu. (LEMOINE et VILLETTE.) *Contre l'alcoolisme*, page 71. — Fernand Nathan, édit.

II. — Dernier mot d'un ivrogne. (CUIR, *Carnet de morale*, page 49. — Druez, éditeur.)

---

6. — L'ALCOOLISME

LECTURE

Une maladie causée par l'absinthe. — Un jour, le buveur d'absinthe devient subitement très pâle. Il pousse un cri, perd connaissance et tombe ; ses traits se contractent, sa tête tourne, ses mâchoires se serrent, ses yeux regardent étrangement en haut, ses membres se raidissent... Trois ou quatre secondes après, la figure devient grimaçante, les yeux tournent stupidement dans leurs orbites, les dents s'entrechoquent, la langue projetée hors de la bouche est mordue, le sang mêlé à la salive coule sur le menton, la face est violette, la respiration ronflante comme l'eau qui bout... Puis, l'homme s'endort d'un sommeil d'hébétude, et quand il se réveille il ne se souvient absolument de rien. C'est une attaque convulsive provoquée par une terrible maladie appelée l'épilepsie.

Dr ROUBINOVITCH.

Questionnaire.

I. Quelle boisson conduit le plus vite à l'alcoolisme ?

II. En quoi consiste cette maladie et peut-on la contracter sans s'en douter? Dites comment.

III. Retracez le triste tableau que nous fait le docteur Roubinovitch d'une crise d'épilepsie due à l'alcoolisme.

IV. Parlez des conséquences graves de l'alcoolisme : 1° pour l'individu ; 2° pour la famille ; 3° pour la patrie et la société.

RÉSUMÉ (à réciter).

1. — L'alcoolisme est la grave maladie de ceux qui abusent des liqueurs fortes dont la plus pernicieuse est l'absinthe.

2. — L'alcoolisme est plus terrible encore que l'ivrognerie, car il vicie le sang, détruit l'organisme et amène souvent la paralysie et la mort.

3. — Il dégrade l'individu, le frappe dans sa postérité et par là étend ses ravages aux générations futures.

4. — Le tiers des fous et les 3/4 des condamnés sont des alcooliques. Pour ces malheureux et ces misérables la patrie est astreinte à de douloureux sacrifices : construction d'hospices d'aliénés et de prisons.

Maximes.

I. — Acheter de l'alcool c'est acheter la mort.

II. — L'abus des boissons alcooliques est la plus puissante des causes déterminantes de la folie.

Lectures.

I. — L'absinthe. (L. DE SAINT-LEU.) CUIR, *Récitation* 2e livret, n° 44. — Druez, éditeur.

II. — Ce que l'alcool coûte à la France. (*Les dangers de l'alcoolisme*, J. STEEG). F. Nathan, édit.

7. — LES BOISSONS

LECTURE

Franklin. — Franklin, un des plus illustres citoyens de la grande république américaine, avait commencé par être ouvrier imprimeur. Sa sobriété était extrême. Il nous raconte lui-même comment il vivait à Londres dans l'imprimerie où il travaillait : « Je ne buvais que de l'eau ; les autres ouvriers, au nombre d'environ cinquante, étaient de grands buveurs de bière. Je portais par occasion un fort casier de chaque main, en montant et en descendant les escaliers, tandis que les autres employaient les deux mains pour en porter un seul. Ils étaient surpris de voir, par cet exemple et par quelques autres, que l'Américain *aquatique*, ainsi qu'ils avaient coutume de m'appeler, était plus vigoureux que ceux qui buvaient de la bière. Le garçon brasseur était suffisamment occupé pendant la journée entière à servir notre maison. Mon compagnon buvait chaque jour une pinte de bière avant son déjeuner : une pinte, avec du pain et du fromage, pour son déjeuner ; une entre le déjeuner et le dîner, une à dîner, une autre vers six heures du soir, et une après son travail. Cette habitude me paraissait détestable ; mais il avait besoin, disait-il, de tout ce breuvage, afin d'acquérir la force de travailler. »

Beaucoup de ces buveurs de bière qui travaillaient avec Franklin moururent jeunes. Quant à lui, au contraire, sa sobriété le fortifia. Il mourut à l'âge de quatre-vingts ans, presque sans infirmités.

MÉZIÈRES.

Éducation morale et instruction civique. — Delagrave, éditeur.

Questionnaire.

I. Dites ce qu'était Franklin. — Pourquoi ses compagnons de travail l'avaient-ils surnommé l'Américain aquatique?

II. Quelles furent les conséquences heureuses pour Franklin de son genre d'existence ?

III. Citez quelques boissons dont on peut faire un usage modéré.

IV. L'alcool a-t-il les qualités que certains lui attribuent ? — L'usage qu'ils en font leur est-il favorable ?

RÉSUMÉ (à réciter).

1. — Les boissons sont nécessaires à l'alimentation de l'homme pour apaiser la soif, pour faciliter la digestion et pour répartir d'une manière régulière la chaleur du corps.

2. — La plus saine des boissons est l'eau potable.

3. — On peut aussi boire modérément de la bière, du vin, du cidre et certaines boissons aromatiques comme le café, le thé.

4. — Mais l'alcool est un poison. Il ne donne pas de forces, n'ouvre pas l'appétit et ne réchauffe pas.

5. — Il a des effets terribles sur le corps : il brûle l'estomac, durcit les artères, empoisonne le sang et déforme le cerveau.

Maximes.

I. — Etre sobre n'est pas une grande vertu, mais c'est un grand défaut de ne pas l'être.

II. — Que ta boisson habituelle soit une eau fraîche, limpide et inodore.

Lectures.

I. — Une maladie causée par l'absinthe. (*Morale*, CUIR, page 49. — Druez, éditeur.)

II. — Le serment de Cambronne. (BRUNO, *Enfants de Marcel*, page 177. — Belin fr., édit.)

---

8. — LE TABAC

LECTURE

La pipe turque. — Je me rappelais que, lorsque Volodia avait été reçu à l'Université, il s'était acheté une pipe et du tabac. Il me paraissait indispensable d'en faire autant....

J'entrai dans une boutique qui avait pour enseigne un nègre fumant un cigare. Afin de n'imiter personne, au lieu d'une pipe ordinaire, j'achetai une pipe turque, du tabac turc et deux chibouques[1]. En rentrant à la maison, je résolus d'en faire l'essai sur-le-champ.

J'ouvris le paquet, bourrai soigneusement la pipe turque, avec le tabac turc, roussâtre et fin, posai sur le tabac un morceau d'amadou allumé, pris le tuyau entre le troisième et le quatrième doigt (cette position de la main me plaisait tout particulièrement) et me mis à aspirer la fumée.

L'odeur du tabac était très agréable, mais j'avais un goût amer dans la bouche et de la peine à respirer. Pourtant je tins bon et je fumai assez longtemps, m'exerçant à faire des ronds.

La chambre ne tarda pas à se remplir d'un nuage bleuâtre, la pipe commença à crépiter et le tabac à sauter ; j'avais la bouche pleine d'amertume et la tête me tournait un peu. Je résolus de m'arrêter. Je voulais seulement me regarder dans une glace avec ma pipe. A ma grande surprise, je chancelai, la chambre tournait en rond, et quand je fus arrivé, non sans peine, jusqu'à la glace, je vis que j'étais pâle comme un linge. A peine eus-je le temps de me jeter sur le divan, que je ressentis un tel mal de cœur et une si grande faiblesse, que je me figurai que le tabac était un poison pour moi. Je crus que j'allais mourir. J'avais vraiment peur et je me préparais à appeler au secours et à envoyer chercher le médecin.

Ma frayeur ne dura pas longtemps. Je ne tardai pas à comprendre de quoi il s'agissait et je restai longtemps couché sur le divan, dans un état de prostration et avec un mal de tête terrible.

Léon Tolstoï.

Souvenirs, Hachette et Cie, édit.

Questionnaire.

I. N'y a-t-il pas des cas où il est déplorable pour les enfants de vouloir imiter les grandes personnes dans leurs habitudes ?

II. Tolstoï s'est-il bien trouvé de fumer une pipe comme il l'avait vu faire par Volodia ? Pourquoi ?

III. Que pensa Tolstoï lorsqu'il se vit aussi malade ? Que voulait-il faire ?

IV. Quelles sont les fâcheuses conséquences de l'usage du tabac : 1° sur la santé ; 2° sur l'intelligence ?

1. Pipe à long tuyau très en vogue en Turquie.

RÉSUMÉ (à réciter).

1. — Le tabac est aussi pernicieux à la santé que l'alcool, car il contient un poison très violent : la nicotine.

2. — L'abus du tabac alourdit l'intelligence, fait perdre la mémoire et irrite l'estomac.

3. — Certains troubles du cœur, l'affaiblissement de la vue et l'horrible cancer n'ont souvent pour cause que l'usage du tabac.

4. — L'enfant surtout, en raison de la faiblesse de ses organes, doit s'abstenir de fumer et de mâcher du tabac ou de priser.

5. — Le fumeur dépense inutilement son argent ; il incommode les autres.

Maximes.

I. — Le tabac est, comme l'alcool, un poison de l'intelligence.

II. — Fumer donne soif et la soif conduit au cabaret.

Lectures.

I. — La pipe de l'écolier. (André THEURIET.) PROT, *Lecture expliquée* page 93. — Thorinaud, éditeur.

II. — La pipe du père Léon. (BRUNO-FRANCINET, page 159. — Belin fr., édit.)

COMPOSITIONS FRANÇAISES

I. — Faites le portrait d'un enfant malpropre. — Le corps, les vêtements. — Indiquer les conséquences fâcheuses de la malpropreté. — Conclusion, résolution.

II. — Dites ce que vous savez de la tempérance et de la gourmandise. — Inventez une anecdote où vous ferez voir un gourmand puni de sa gourmandise. — Terminez en disant ce qui arrive souvent aux intempérants.

III. — Quelle est l'utilité de la gymnastique et des exercices corporels ? 1° A l'école ; 2° pendant l'adolescence ; 3° au régiment ; 4° pendant toute la vie.

IV. — 1. Un grand médecin va mourir : d'autres médecins le soignent. (Décrivez la scène.) Le mourant dit qu'après lui il laisse trois grands médecins (faites-le parler). — 2. Chacun des médecins le presse de s'expliquer (pourquoi ?) — 3. Le mourant dit les trois noms : La propreté — La tempérance — L'exercice. (CARRÉ et MOY.)

MOIS DE MARS

LES BIENS EXTÉRIEURS

1. — **Les biens extérieurs.**
2. — **Le travail.**
3. — **L'économie.**
4. — **L'ordre.**
5. — **La prévoyance. — L'épargne.**
6. — **La prodigalité. — Le jeu.**
7. — **Les dettes.**
8. — **L'avarice. — La cupidité.**

Révision mensuelle.

1. — LES BIENS EXTÉRIEURS

LECTURE

Une femme philanthrope.—En décembre 1896, mourait à Paris, Mme Furtado-Heine, dont le nom est synonyme de générosité, de charité.

Après avoir attaché son nom à un grand nombre d'œuvres de bienfaisance, cette femme généreuse organisa à ses frais une ambulance pendant la guerre de 1870 et secourut activement nos soldats. Plus tard elle créa à Paris un dispensaire modèle dont elle assura le fonctionnement par la création d'une rente perpétuelle importante, donna à l'Assistance publique une magnifique propriété située au Croisic pour y installer un hôpital, et fit don de sa villa de Nice pour être convertie en maison de convalescence destinée aux officiers français. Toutes les sociétés philanthropiques furent l'objet de ses nombreuses libéralités. Après avoir reçu la croix de Chevalier de la Légion d'honneur, cette femme généreuse fut promue officier du même ordre en mai 1896, à l'occasion de l'inauguration d'un nouveau dispensaire qu'elle avait fait construire à Montrouge (Paris).

Questionnaire.

I. Quel bon usage Mme Furtado-Heine fit-elle de ses biens ? En fut-elle récompensée, et comment ?

II. De quels moyens doit-on user pour essayer d'acquérir l'aisance et même la fortune ?

III. Qu'entendez-vous par biens extérieurs ? En général, que comprennent ces biens ?

IV. Est-il indispensable d'être bien riche pour aider les malheureux ?

RÉSUMÉ (à réciter).

1. — Les biens extérieurs sont ceux qui assurent l'existence de l'individu et contribuent à son bien-être général : ils constituent la propriété.

2. — Les principaux biens extérieurs sont : la nourriture, l'habillement, le logement, les outils, la terre avec ses innombrables bienfaits, la monnaie.

2. — Nous ne devons acquérir les biens extérieurs que par des moyens honnêtes : travail, achat ou héritage.

5. Nous ne devons point user des biens extérieurs en égoïstes, mais en faire profiter les malheureux et encourager les œuvres de bienfaisance.

Maximes.

I. — La terre est la mère nourricière de tous les hommes.

II. — Le meilleur emploi de la richesse consiste à venir en aide à ceux qui n'en ont pas.

Lectures.

I. — Le savetier et le financier. (LA FONTAINE.) DEVINAT, *Lectures élémentaires*, page 44. — Delagrave, éditeur.

II. — Voyage d'une fée. (LABOR, *Dictées et exercices français*, page 42. — Garnier frères, éditeurs.)

---

2. — LE TRAVAIL

LECTURE

Un bel exemple de travailleur. Franklin. — Un pauvre ouvrier, qui était entré en fugitif à Philadelphie et y avait erré sans ouvrage, y devint le législateur et le chef de l'Etat. Indigent, il arriva par le travail à la richesse; ignorant, il s'éleva par l'étude à la science; inconnu, il obtint par ses découvertes comme par ses services, par la grandeur de ses idées et par l'étendue de ses bienfaits, l'admiration de l'Europe et la reconnaissance de l'Amérique.

Jamais morose, ni impatient, ni emporté, il appelait la mauvaise humeur la malpropreté de l'âme et disait que la vraie politesse envers les hommes doit être la bienveillance. Son adage favori était que la noblesse est dans la vertu. Cette noblesse, qu'il aida les autres à acquérir par ses livres, il la montra lui-même dans sa conduite. Il s'enrichit avec honnêteté, il se servit de sa richesse avec bienfaisance, il négocia avec droiture, il travailla avec dévouement à la liberté de son pays et aux progrès du genre humain.

MIGNET.

Vie de Franklin, Perrin et Cie, édit.

Questionnaire.

I. Quel est le principal agent de la richesse ?

II. Comment se comporta Franklin une fois devenu riche; de quelle façon employa-t-il son intelligence et sa fortune ?

III. Tout le monde peut-il arriver à la haute situation de Franklin ? Si non, peut-on quand même améliorer sa condition ?

IV. Outre la richesse, le travail ne nous procure-t-il pas d'autres jouissances ? Citez-en quelques-unes.

RÉSUMÉ (à réciter).

1. — Le travail est nécessaire, indispensable, car il est la principale source des biens extérieurs et nous met à l'abri du besoin.

2. — Il est honorable, car il préserve du vice et chasse l'ennui.

3. — C'est la plus haute source des jouissances morales : il procure gaîté, vertu, indépendance.

4. — La loi du travail s'impose à tous et il serait honteux pour l'un de nous de vivre au détriment de la société sans rien lui donner en échange.

5. — La paresse ruine la volonté, l'énergie et rend méprisable : l'oisif est un parasite social.

Maximes.

I. — Le travail est un trésor.

II. — La paresse rend tout difficile ; mais le travail rend tout aisé.

Lectures.

I. — Le laboureur et ses enfants. (LA FONTAINE.) TOUTEY, *Lectures primaires,* page 52. — Hachette, éditeur.

II — La guenon, le singe et la noix. (FLORIAN.) PROT, *Lecture expliquée,* page 7. — Thorinaud, éditeur.

---

3. — L'ÉCONOMIE

LECTURE

Une leçon d'économie. — Un jour qu'une de mes parentes, qui était dame de charité, faisait, avec une de ses amies, une quête pour les pauvres de l'arrondissement, on lui indiqua une personne fort riche et qui était, disait-on, fort généreuse. En montant l'escalier, ces dames entendirent une querelle. C'était le monsieur prétendu charitable qui menaçait sa cuisinière de la renvoyer. Le crime de la cuisinière, c'était d'avoir jeté au feu une allumette qui n'avait servi que par un bout : « Vous me ruinez, vous perdez ma maison ; c'est un désordre affreux », criait notre avare. Notez que la perte d'un bout d'allumette pouvait représenter un centième de centime. Les dames, fort effrayées, n'osaient plus monter ; elles s'y décidèrent cependant. Quand elles eurent exposé l'objet de leur visite, ce monsieur aligna gracieusement, devant elles, vingt pièces de cinq francs, et voyant l'étonnement de ces dames, il leur dit : « Vous avez entendu ma querelle avec ma cuisinière, Mesdames, et vous m'avez blâmé sans doute. Rappelez-vous que si je n'avais pas économisé mes bouts d'allumettes, je n'aurais pas aujourd'hui cent francs pour vos pauvres. »

Questionnaire.

I. En quoi consiste l'économie? Ne connaissez-vous pas différents moyens de faire des économies?

II. Pourquoi les dames quêteuses hésitaient-elles à entrer?

III. Pourquoi furent-elles étonnées de l'importance du don qui leur fut fait?

IV. Comment pouvez-vous aider vos parents à faire des économies?

RÉSUMÉ (à réciter).

1. — Etre économe c'est faire un emploi judicieux de son argent et de son temps.

2. — On emploie bien son argent quand on n'achète que l'indispensable.

3. — L'économie permet de réparer nos pertes ou d'augmenter nos biens : elle conduit à l'aisance, parfois même à la fortune.

4. — Un enfant économe soigne ses vêtements, son petit bagage d'écolier, et ne dépense pas en friandises l'argent qu'on lui donne.

5. — Pas d'épargne sans économie ; pas d'économie sans ordre.

Maximes.

I. — Soyez économes, et l'indépendance sera votre cuirasse et votre bouclier, votre casque et votre couronne.

II. — Le premier économisé est le premier gagné. (*Proverbe.*)

Lectures.

I. — La jeune fille économe. (Clarisse JURANVILLE, *Education morale.* — Larousse, édit.)

II. — La tirelire. (LEGOUVÉ.) V. LABOR, *Dictées et exercices français*, page 25. — Garnier frères, éditeurs.

---

4. — L'ORDRE

LECTURE

Le jeune homme et le vieillard. — « Je travaille beaucoup, disait un jeune homme, et cependant, à la fin de l'année, je suis aussi pauvre qu'au commencement. »

Un vieillard lui dit : — « Je possède un secret pour enrichir ceux qui travaillent ; voulez-vous que je vous l'enseigne?

— » Je vous en supplie, répondit le jeune homme, enseignez-le-moi.

— » J'y consens, dit le vieillard, mais auparavant, rendez-moi un service et donnez-moi, vous aussi, un conseil. Venez avec moi dans ma cave. Voyez-vous cette futaille ? J'aurais beau l'emplir, elle serait toujours vide : dites-moi pourquoi. »

Le jeune homme inspecta la cave et la futaille :

— « Je le crois bien, dit-il. D'une part, votre futaille est fendue ; de l'autre, votre cave n'a pas de clef. Que le tonnelier mette la futaille en ordre, elle ne laissera plus aller le vin. Que le serrurier mette une clef à la cave, personne ne pourra plus puiser à votre futaille : vous n'aurez même pas besoin d'y veiller.

— » Bravo ! dit le vieillard ; et maintenant, jeune homme, écoutez-moi : sans ordre, le fruit du travail se perd, comme dans une futaille en désordre tout le vin qu'on met s'écoule. Sans économie, le fruit du travail se gaspille, comme dans une cave ouverte où chacun vient puiser à discrétion.

» Voulez-vous que votre travail vous enrichisse? Ayez de l'ordre et soyez économe. » BRUNO.

L'Adolescent. — Belin frères, éditeurs.

Questionnaire.

I. Le vieillard avait-il vraiment besoin de demander un conseil à ce jeune homme? Pourquoi non?

II. Montrez que travailler ne suffit pas pour acquérir la fortune. Que faut-il encore?

III. En quoi consiste l'ordre? Quelles sont les conséquences du désordre?

IV. Comment pouvez-vous, à votre âge, pratiquer l'ordre?

RÉSUMÉ (à réciter).

1. — L'ordre consiste à savoir bien ranger, bien disposer tous les objets ; il nous commande d'avoir une place pour chaque chose et de mettre chaque chose à sa place.

2. — L'ordre évite les recherches ennuyeuses, les pertes de temps et flatte les yeux.

3. — Celui qui est ordonné tient un compte exact de ses dépenses, distribue bien son temps et fait tout à son heure.

4. — Le désordre est une source d'ennuis, de déboires et de perte de temps.

Maximes.

I. — Une place pour chaque chose et chaque chose à sa place.

II. — La négligence donne plus de mal que l'ordre et l'activité.

Lectures.

I. Les dangers d'une porte ouverte, J.-B. Say. (POIGNET, *Livre de morale*, 31e leçon. — Godchaux, éditeur.)

II. — Les mésaventures de Joseph Blinger. (DEVINAT, C. M. *Livre de lecture et de morale*, p. 105. — Larousse, édit.)

---

5. — LA PRÉVOYANCE. — L'ÉPARGNE

LECTURE

Un ouvrier tombe malade, il y a quelque temps ; le pauvre homme était bien *tourmenté* ; il se demandait comment on pourrait vivre à la maison, pendant qu'il était incapable de travailler et de gagner son salaire. « Ne t'inquiète pas, lui dit sa femme en lui montrant un livret de caisse d'épargne, j'ai fait quelques économies, il y en aura assez pour te bien soigner, et attendre, sans pâtir, ta guérison.— Ah ! répondit le brave homme le cœur soulagé, tu avais bien raison de le dire : le chemin de la caisse d'épargne est aussi le chemin du bonheur ! »

L'économie nous permet encore d'éviter les dettes, qui naissent moins souvent d'une réelle nécessité que des habitudes d'*imprévoyance* et des dépenses mal réglées.

Questionnaire.

I. Pourquoi cet ouvrier malade était-il inquiet ?

II. — Que serait-il arrivé à la famille si la femme n'eût pas été prévoyante ?

III. Expliquez pourquoi « Le chemin de la caisse d'épargne est aussi le chemin du bonheur ».

IV. Pouvez-vous déjà être prévoyants ? — Quels moyens l'école met-elle à votre disposition pour vous faire acquérir des habitudes de prévoyance ?

RÉSUMÉ (à réciter).

1. — Être prévoyant c'est penser à l'avenir et chercher à se mettre en garde, par l'économie et l'épargne, contre le chômage, la maladie ou la vieillesse.

2. — L'homme prévoyant place au fur et à mesure à la caisse d'épargne les petites sommes qu'il met de côté, et fait partie d'une société de secours mutuels.

3. — L'imprévoyant vit au jour le jour et s'endette lorsque le travail ou la santé lui manque : ne soyons pas imprévoyants.

4. — Un enfant prévoyant verse ses petites épargnes à la mutualité scolaire.

Maximes.

I. — Il faut garder une poire pour la soif.

II. — Veux-tu être riche? songe à épargner autant qu'à gagner.

Lectures.

I. — La prévoyance de Valentin. (V. *Enfants de Marcel*, BRUNO, page 114. — Belin frères, éditeurs.)

II. — Le sifflet de Franklin (CUIR). *Récitation*, 2e livret, nº 49. — Druez, éditeur.

---

6. LA PRODIGALITÉ. — LE JEU

LECTURE

Funestes conséquences du jeu. — Le cultivateur Louis Roche qui était propriétaire d'un riche domaine eût cru déchoir en labourant la terre. Il prétendait diriger de haut et de loin son entreprise agricole ; et ses charretiers, ses moissonneurs échappaient presque entièrement à « l'œil du maître ».

Comme il se créait ainsi des loisirs, Louis Roche, pour éviter l'ennui et « tuer le temps », ne manquait aucun des marchés des villes voisines. Plusieurs fois par semaine, on le voyait partir dans une élégante et légère carriole, insouciant, heureux de vivre, enlevant d'un coup de fouet sa nerveuse jument noire.

Dans ces marchés, il fit de mauvaises rencontres et se mit à jouer. Il joua d'abord timidement et la chance lui fut favorable. Puis il s'enhardit, joua de plus grosses sommes, gagna et perdit tour à tour, et bientôt, comme pris de vertige, se trouva sans résistance contre la terrible passion qui l'envahissait.

Louis Roche perdit en six ans ses bonnes terres, son bétail, ses attelages, sa maison. Il fit des dettes et ne s'arrêta que le jour où il ne trouva plus de prêteur. Sa femme, faible et frivole, n'avait pas su le retenir sur la route de l'abîme.

Il se trouva donc à la merci de ses créanciers, qui voulurent bien, sur sa prière, ne pas le chasser immédiatement de sa demeure et mettre sa famille dans la rue. Il traîna ainsi sa misérable vie pendant dix mortelles années, mangeant le pain d'une sœur aînée qui avait pitié de lui, vieilli, ravagé, voûté, négligé dans ses vêtements salis, dans ses cheveux que les privations et les soucis avaient prématurément blanchis.

DEVINAT.

Livre de lecture et de morale. — Larousse, édit.

Questionnaire.

I. Pour quels motifs Louis Roche ne voulait-il point labourer lui-même ses terres ?

II. Qu'arrive-t-il généralement aux riches désœuvrés ?

III. Quelles sont les conséquences de la prodigalité et de la triste passion du jeu ?

IV. Devez-vous vous livrer aux jeux de hasard ? Pourquoi non ?

RÉSUMÉ (à réciter).

1. — La prodigalité est le défaut de celui qui dé-

pense sans compter, achète des choses inutiles ou ne soigne pas ce qu'il possède.

2. — Le prodigue, en dépensant sans nécessité, « en jetant l'argent par les fenêtres », va droit à la ruine.

3. — Le prodigue n'est généralement qu'un orgueilleux qui, croyant éblouir et se faire admirer, n'arrive qu'à se faire mépriser.

4. — Les jeux d'argent ne sont pas moins funestes que la prodigalité : ils font perdre le goût du travail et mènent souvent au vol, au crime, au suicide. L'argent gagné au jeu est de l'argent volé.

Maximes.

I. — Ce que l'on prodigue, on l'ôte à son héritier. (FRANKLIN.)

II. — Le jeu est une passion avide dont l'habitude est ruineuse. (BUFFON.)

Lectures.

I. — Funestes conséquences de la passion du jeu. (A. POIGNET, *Livre unique de morale*, 33e leçon. — Vve Godchaux, édit.)

II. — Le joueur. (RÉGNARD.) BOYER, *Livre de morale*. — Fouraut, éditeur.

---

7. — LES DETTES

LECTURE

Jean-Pierre et Catherine. — Nous n'avons pas un sou de dettes ! Nous ne devons rien à personne ! Hier, ton marchand de vitres a envoyé sa facture : j'en ai payé le montant aujourd'hui même...

— Et tu as bien fait, Catherine, les dettes me font peur ! Ah ! je me rappelle les ennuis de mon pauvre père pour une dette de trois cents francs qu'il avait contractée pendant une longue maladie. Malgré tous ses efforts, il n'avait pu l'acquitter au terme fixé. Son créancier — c'était M. Michaud, tu sais, l'ancien valet de chambre — vint à la maison. J'étais là. Sa figure était toute renfrognée.

« Oui, dit-il, ça ne coûte rien de promettre ! à quoi » bon se gêner ! Il y a, dans le monde, un tas de pa- » resseux... » Mon Dieu que mon père était mal à l'aise ! Je voyais dans son regard la colère et l'indignation. Néanmoins, il se fit petit, humble et suppliant. Il obtint ainsi de ne payer que plus tard. Mais quand son créancier fut parti, je vis une grosse larme lui couler des yeux. Pendant un an, il travailla sans relâche, avec rage, et ne prit du repos que lorsqu'il eut en main le montant de sa dette. « Ah ! s'écria-t-il, » quel soulagement ! Je n'étais qu'un esclave, me » voici donc un homme ! » Oh ! oui ! ma chère Catherine, évitons les dettes. Moi, vois-tu, je veux rester debout devant tous, et je ne serai à la merci de personne. »

DEVINAT.

Livre de lecture et de morale. — Larousse, édit.

Questionnaire.

I. Quelle était la cause de la joie de Jean-Pierre ?

II. Racontez ce qui était arrivé à son père.

III. Que pensez-vous de la conduite de son créancier, ancien valet de chambre ?

IV. Comment comprenez-vous ce cri de soulagement du père de Jean-Pierre : « Je n'étais qu'un esclave, me voici donc un homme ! »

RÉSUMÉ (à réciter).

1. — L'imprévoyance, la prodigalité et les jeux d'argent conduisent aux dettes.

2. — On fait des dettes en empruntant de l'argent ou en achetant à crédit. Mieux vaut se priver ou se restreindre sur certaines choses que d'acheter à crédit.

3. — Les dettes humilient et font perdre l'indépendance.

4. — Celui qui a fait un emprunt doit s'efforcer de rembourser au plus tôt, autrement une dette en amène une autre et il devient impossible de pouvoir s'acquitter.

Maximes.

1. — En vous endettant, songez à ce que vous faites : vous donnez à autrui des droits sur votre liberté.

II. — Celui qui va faire un emprunt va chercher une mortification.

Lectures.

I. — Danger des dettes. (FRANKLIN.) CAZES, *Livre de lecture*, page 294. — Delagrave, éditeur.

II. — La cigale et la fourmi. (LA FONTAINE.) DÈS, *Education morale et civique*, p. 115. — Thorinaud, éditeur.

---

8. — L'AVARICE. — LA CUPIDITÉ

LECTURE

L'avare. — *Maître Jacques à son maître Harpagon.* — Monsieur, puisque vous le voulez, je vous dirai franchement qu'on se moque partout de vous, qu'on nous jette de tous côtés cent brocards à votre sujet, et que l'on n'est point plus ravi que de faire sans cesse des contes de votre lésine. L'un dit que vous faites imprimer des almanachs particuliers, où vous faites doubler les quatre-temps et les vigiles, afin de profiter des jeûnes où vous obligez votre monde ; l'autre que vous avez toujours une querelle toute prête à faire à vos valets dans le temps des étrennes, ou de leur sortie d'avec vous, pour vous trouver une raison de ne leur donner rien. Celui-là conte qu'une fois vous fîtes assigner le chat d'un de vos voisins, pour vous avoir mangé un reste de gigot de mouton ; celui-ci que l'on vous surprit une nuit, venant dérober vous-même l'avoine de vos chevaux, et que votre cocher, qui était celui d'avant moi, vous donna, dans l'obscurité, je ne sais combien de coups de bâton dont vous ne voulûtes rien dire. Enfin, voulez-vous que je vous dise ? on ne saurait aller nulle part où l'on ne vous entende accommoder de toutes pièces. Vous êtes la fable et la risée de tout le monde, et jamais on ne parle de vous que sous les noms d'avare, de ladre, de vilain et de fesse-mathieu.

MOLIÈRE (*l'Avare*).

Questionnaire.

I. Comment s'y prend maître Jacques pour montrer à Harpagon qu'on le tourne en ridicule à cause de son avarice?

II. L'avare ne met-il de côté que son superflu? — Approuvez-vous sa façon d'agir? Pourquoi non?

III. Pensez-vous que l'avare soit heureux au milieu de son or? — Qui souffre souvent avec lui et pourquoi?

IV. Quelle différence faites-vous entre l'avarice et la cupidité! Dites ce que vous pensez de ce dernier défaut.

RÉSUMÉ (à réciter).

1. — La passion des richesses donne naissance à deux vices : l'avarice et la cupidité.

2. — L'avarice est l'amour immodéré des richesses.

3. — L'avare se prive du nécessaire pour la sotte satisfaction d'entasser or sur or ; c'est un égoïste qui, les poches pleines, condamne les siens à la misère.

4. — L'enfant qui ne veut prêter ni ses jouets ni ses livres est déjà un petit avare que ses camarades ne peuvent aimer.

5. — La cupidité est l'amour excessif du gain. C'est un vice qui ne s'allie pas à l'honnêteté, car en voulant trop amasser ou trop gagner, on a souvent recours à des moyens que la conscience réprouve.

Maximes.

I. — L'avare ne possède pas son or, c'est son or qui le possède. (BIAS.)

II. — L'usage seulement fait la possession. (LA FONTAINE.)

Lectures.

I. — La poule aux œufs d'or. (LA FONTAINE.) DEVINAT, *Livre de lecture et de morale*, p. 98. — Larousse, éditeur.

II. — Les deux renards. (FÉNELON.) POIGNET, *Livre de morale*, 35e leçon. — Godchaux, éditeur.

COMPOSITIONS FRANÇAISES

I. — 1. Montrez la nécessité et la noblesse du travail. — 2. Dites les avantages moraux et matériels qu'il procure. — 3. Terminez en citant une maxime appropriée au sujet.

II. — 1. Jeanne, qui a de l'ordre, trouve ses affaires au moment de partir pour l'école.... Chambre bien rangée... ; exactitude. — 2. Louis qui n'a pas d'ordre, cherche ses livres, sa casquette (décrivez) et arrive en retard à l'école. — 3. Conclusion.

III. — Qu'est-ce qu'une société de secours mutuels ? — En particulier expliquez le fonctionnement d'une mutualité scolaire ; montrez les avantages qu'elle procure à l'écolier. Dites quelles habitudes peuvent résulter pour lui dans l'avenir de sa participation à la mutualité scolaire. (*C. E. Nord.*)

IV. — Montrez les différences qui existent entre l'économie et l'avarice. — Racontez l'histoire d'un avare qui avait caché son trésor. (Dites l'endroit.) — Montrez-le en face de la cachette vide. (Faites-le parler.) — Donnez-lui la leçon qu'il mérite. — Résolution.

MOIS D'AVRIL

DEVOIRS
ENVERS LE CŒUR ET L'INTELLIGENCE

1. — L'homme moral : dignité personnelle.
2. — L'homme moral : L'ignorance. — La paresse.
3. — L'homme moral : Le mensonge.
4. — Silence et discrétion.
5. — Respect de la parole donnée.
6. — L'homme moral : La fierté. — L'orgueil.
7. — L'homme moral : La modestie. — L'humilité.
8. — L'hypocrisie. — La flatterie.
Révision mensuelle.

1. — L'HOMME MORAL : DIGNITÉ PERSONNELLE

LECTURE

La dignité d'un Arabe. — On demandait une fois à Hatemtaï, qui était le plus généreux des Arabes de son temps, s'il avait jamais connu quelqu'un qui eût le cœur plus noble que lui ; il répondit : « Un jour que je me promenais dans la campagne avec quelques amis, je rencontrai un Arabe qui avait ramassé une charge d'épines sèches pour les brûler. Je l'engageai à aller dans la demeure d'Hatemtaï où se faisait alors une distribution de pain et de viande.

« Qui peut manger son pain du travail de ses mains, me répondit-il, ne doit pas avoir d'obligations à Hatemtaï. » Cet homme, ajouta Hatemtaï, a le cœur plus noble que moi. »

MULLER.

La morale en action. — HETZEL, édit.

Questionnaire.

I. Quelle proposition Hatemtaï, fit-il à l'Arabe chargé d'épines et pourquoi?

II. Que pensez-vous de la réponse de l'Arabe? — Quel sentiment le poussa à répondre ainsi et pourquoi?

III. Pourquoi Hatemtaï, qui était très charitable, trouva-t-il que l'Arabe avait le cœur plus noble que lui?

IV. Qu'entendez-vous par un homme digne? — Comment peut-on se montrer digne : 1° comme supérieur; 2° comme subordonné; 3° dans la vie, en général?

RÉSUMÉ (à réciter).

1. — Si l'homme a le devoir de soigner son corps pour lui donner santé et vigueur, il a encore plus le devoir de cultiver son intelligence et de se former le cœur par la pratique de la vertu.

2. — Manquer de tenue, de réserve dans ses paroles et dans ses actes, donner libre cours à ses passions, c'est manquer de dignité personnelle.

3. — La dignité personnelle c'est le respect que l'homme a de lui-même, c'est le juste sentiment qu'il a de sa supériorité sur les autres êtres et qui lui dit : « Arrête » lorsqu'il marche dans la voie du vice.

4. — Respecter ses supérieurs n'est pas humiliant; mais les flatter ou s'abaisser jusqu'à leur sacrifier sa conscience, c'est manquer de dignité personnelle.

Maximes.

I. — Si chaque soir, en vous mettant en face de votre miroir, après vous être rappelé ce que vous avez fait dans la journée, vous pouvez vous regarder sans rougir, c'est que vous avez conservé l'estime et le respect de vous-même. (FRANKLIN.)

II. — Le respect appelle le respect : ayez le respect de votre personne.

Lectures.

I. — Daumesnil. (BRUNO, *Le tour de France*, page 214.) — Belin frères, éditeurs.

II. — Un magistrat intègre. (V. LABOR, *Dictées et exercices français*, page 148.) — Garnier frères, éditeurs.

2. — L'IGNORANCE. — LA PARESSE

LECTURE

Histoire de deux écoliers. — Jacques était paresseux. — « A quoi sert tout ce qu'on apprend à l'école ? » répétait-il pour excuser sa paresse.

Un jour qu'il était dans les champs avec son ami Jules, enfant laborieux, l'orage les surprit. Le tonnerre grondait, les éclairs brillaient, la pluie tombait par torrents.

Jacques se réfugia sous un grand chêne, isolé au milieu des champs. — « Ne reste pas là, lui dit Jules. Notre instituteur, dans une leçon de physique, nous a appris qu'il est dangereux, quand il tonne, de se mettre à couvert sous les arbres, car les pointes des arbres ou des édifices attirent la foudre.

— » Bah ! je ne me souviens pas de cela.

— » C'est que tu n'écoutes pas assez en classe. Viens avec moi, je t'en prie. »

Jacques finit par céder aux prières de son ami, et il quitta l'arbre.

Il n'avait pas fait cent pas qu'une lueur éblouissante l'aveuglait ; en même temps, un fracas horrible se faisait entendre derrière lui : quand il se retourna, il vit le grand chêne fendu du haut en bas par la foudre.

Jacques, épouvanté, serra la main de Jules : — « Sans toi je serais mort, » dit-il.

— « Mon cher Jacques, reprit Jules, je n'ai fait que te répéter l'avertissement de notre maître. »

— « C'est vrai, » répondit Jacques. Et en lui-même il pensa : « Si personne n'avait été là pour me redire ce que ma paresse m'avait empêché d'apprendre, j'en aurais été victime. Combien la paresse peut causer de mal ! Combien elle est honteuse ! Oh ! je veux me corriger de ma paresse. »

BRUNO.

L'Adolescent. — Belin frères, éditeurs.

Questionnaire.

I. Est-il toujours utile de bien écouter les leçons de la classe? Pourquoi?

II. Quelles sont les fâcheuses conséquences de l'ignorance dans la vie?

III. En quoi consiste la paresse, 1° pour l'écolier; 2° pour l'adulte; 3° pour l'homme?

IV. A quelles extrémités peut conduire la paresse?

RÉSUMÉ (à réciter).

1. — Nous devons développer notre intelligence par le travail et la recherche de la vérité.

2. — C'est en combattant l'ignorance, qui est une honte, que nous nous émanciperons l'esprit et que nous tiendrons honorablement notre rang dans le monde.

3. — L'ignorant est malheureux, il ne peut régler ses affaires lui-même, il ne goûte aucun plaisir de l'esprit et il est bien souvent la risée des autres.

4. — L'ignorance a pour cause la paresse qui est la mère de tous les vices.

5. — L'écolier doit fuir la paresse qui le priverait des avantages de l'instruction et lui ferait perdre sa dignité personnelle et son indépendance.

Maximes.

I. — Le meilleur esprit a besoin d'être formé par un travail persévérant et par une culture raisonnée. (DAGUESSEAU.)

II. — Les livres sont nos meilleurs amis.

Lectures.

I. — Le général Drouot. (MÉZIÈRES, *Education morale et instruction civique*, page 78. — Delagrave, éditeur.)

II. — Les deux chemins. (E. AUBERT, *Pour nos chers enfants*. — Nathan, éditeur.)

---

3. — L'HOMME MORAL : LE MENSONGE

LECTURE

Le mensonge. — Alexis a cassé une assiette et n'ose le dire. Sa mère demande à la petite servante,

Marie, ce qu'est devenue l'assiette qui manque. Elle ne sait pas. — L'as-tu vue ? demande la mère au petit garçon. — Non, maman, dit-il en rougissant. — Alors c'est Marie qui l'a cassée et qui ne veut pas le dire. — Marie assure qu'elle n'a pas cassé l'assiette. La maman se met en colère, non pour l'assiette qui a peu de valeur, mais parce qu'elle croyait Marie très honnête, et que, s'il faut maintenant qu'elle la voie mentir, cela lui fera beaucoup de peine. Plus la maman se fâche, plus Marie pleure, moins Alexis ose avouer sa faute. « J'aurais pardonné n'importe quoi, dit la maman, et vous le savez bien, mais un mensonge, Marie ! Il faut donc à présent que je vous méprise. » Marie pleure de plus en plus ; Alexis a horreur de lui-même et du mal qu'il a causé. « Maman, c'est moi, » dit-il.

Mme Henry Gréville.

Instruction morale. — Weill, édit.

Questionnaire.

I. Alexis se doutait-il, en mentant de la conséquence qu'aurait son mensonge ?

II. Devons-nous nous permettre les mensonges joyeux ? Pourquoi ?

III. Que nous fait perdre l'habitude de mentir ?

IV. Quelles sont les qualités contraires au mensonge ?

RÉSUMÉ (à réciter).

1. — Mentir c'est dire le contraire de la vérité. On ne doit jamais mentir même pour rire, parce que les petits mensonges conduisent aux grands.

2. — On ment souvent par lâcheté pour cacher une faute ou éviter un châtiment, par méchanceté pour nuire à quelqu'un, par intérêt ou par vanité pour obtenir certain avantage ou se faire admirer.

3. — Le menteur est un hypocrite, car il dit le contraire de ce qu'il sait ou de ce qu'il pense.

4. — Le mensonge avilit, dégrade et fait perdre toute confiance.

5. — Au mensonge opposons la sincérité qui écarte tout artifice, tout déguisement, et la franchise qui nous commande de penser tout ce que nous disons.

Maximes.

I. — L'homme qui donne des mensonges pour des vérités est aussi coupable que celui qui donne de la fausse monnaie pour de la bonne. (MONTAIGNE.)

II. — Un menteur n'est jamais cru même lorsqu'il dit la vérité.

Lectures.

I. — Le Berger menteur. (RICHER). DEVINAT, *Livre de lecture et de morale,* page 159. — Larousse, éditeur.

II. — Un honnête homme perdu par des mensonges. (V. PÉCAUT, *Instruction morale,* page 16. — Hachette, édit.)

---

4. — SILENCE ET DISCRÉTION

LECTURE

Pendant la guerre de 1870, une jeune paysanne avait été laissée comme gardienne d'une ferme située aux environs de Metz. Un jour, la maison est envahie par des soldats ennemis : « Tu vas répondre à mes questions, lui dit l'officier. Il y a deux heures, un régiment français a passé par ici. De quel côté s'est-il dirigé ? » La jeune fille pâlit ; puis, après quelques moments d'hésitation : « Je suis Française, répond-elle ; ce n'est pas à moi de vous dire ce qui peut perdre les Français. » — Nous saurons bien t'arracher ton secret, reprend l'Allemand furieux. Et, se tournant vers sa troupe : « Soldats, s'écrie-t-il, qu'on l'emmène dans la cour, qu'on l'appuie contre le mur. » L'ordre est exécuté. « Maintenant, dit le chef, tu vas parler. » La jeune fille se tut. « Une seconde fois, je te l'ordonne, parle ! » Elle se tut. « Une troisième fois, parle ! » Elle se tut. « Soldats feu ! » Et l'héroïque fille tomba percée de balles.

Questionnaire.

I. Quel est le sentiment qui poussa cette jeune fille à se taire? — De quelles qualités fit-elle preuve ?

II. Qu'est-ce qu'un indiscret ? Citez différents exemples d'indiscrétion.

III. Est-il bon parfois de dire ce que l'on sait ? — Dans quel cas? — N'est-ce pas quelquefois un devoir? — Quand ?

IV. Que gagne-t-on généralement à être discret ?

RÉSUMÉ (à réciter).

1. — La franchise nous commande de penser tout ce que nous disons et la discrétion nous conseille de ne pas dire tout ce que nous pensons.

2. — Nous ne sommes pas obligés de raconter nos affaires à tout le monde, pas plus que nous ne sommes obligés de répondre aux questions indiscrètes des curieux.

3. — Nous ne devons pas davantage chercher à pénétrer les secrets des autres ou nous immiscer dans leurs affaires.

4. — Enfin si quelqu'un nous confie un secret, nous devons répondre à sa confiance par la discrétion la plus absolue.

5. — Le silence n'est coupable, que lorsqu'il a pour but de dissimuler une faute dont un innocent pourrait subir les conséquences.

Maximes.

I. — Si la parole est d'argent, le silence est d'or.

II. — Un indiscret est une lettre décachetée que tout le monde peut lire. (A. DUMAS.)

Lectures.

I. — Les deux apprentis. (BRUNO. *Adolescent*, page 45.) — Belin frères, éditeurs.

II. — M. de la Condamine. (P. CARRÉ et MOY, *Rédaction*, page 178. — Colin, éditeur.)

---

5. — RESPECT DE LA PAROLE DONNÉE

LECTURE

L'héroïsme d'un enfant.

Sur une *barricade*, au milieu des pavés,

. . . .

Un enfant de douze ans est pris avec des hommes.
— Es-tu de ceux-là, toi? — L'enfant dit : « Nous en sommes. »
— C'est bon, dit l'officier, on va te fusiller.
Attends ton tour. — L'enfant voit des *éclairs* briller,

Et tous ses compagnons tomber sous la muraille.
Il dit à l'officier : Permettez-vous que j'aille
Rapporter cette montre à ma mère, chez nous ?
Tu veux t'enfuir ? — Je vais revenir. — Ces *voyous*
Ont peur ! Où loges-tu ? — Là, près de la fontaine ;
Et je vais revenir, monsieur le capitaine.
— Va-t-en *drôle !* — L'enfant s'en va. — *Piège grossier.*
Et les soldats riaient avec leur officier,
Et les mourants mêlaient à ce rire leur *râle ;*
Mais le rire cessa ; car soudain l'enfant pâle,
Brusquement reparu, *fier* comme *Viala,*
Vint s'adosser au mur et leur dit : Me voilà.
. . . .
La mort *stupide* eut honte, et l'officier fit grâce.

V. HUGO.

Questionnaire.

I. Qu'est-ce qu'une barricade ? — Pourquoi y avait-il des barricades ? — Que faisait là cet enfant de douze ans ?

II. Que signifient ces mots : piège grossier ? — Pourquoi les soldats riaient-il avec leur officier ?

III. Pourquoi l'enfant revient-il ? — Que pensez-vous de lui ?

IV. Est-il bon de faire le serment de tenir une promesse et prudent de promettre à la légère ? — Pourquoi ? — Qu'entendez-vous par parjure ?

RÉSUMÉ (à réciter).

1. — La loyauté nous ordonne de tenir toujours notre parole. Celui qui viole la parole donnée, qui manque à ses engagements, est un malhonnête homme.

2. — Ne nous engageons jamais à la légère, ne promettons que ce que nous avons vraiment l'intention de tenir et ce que nous pouvons faire.

3. — A la promesse faite, n'ajoutons point le serment ; le simple engagement suffit pour qui se respecte.

4. — Manquer à une promesse faite par serment c'est se parjurer et le parjure est le mensonge le plus grave.

Maximes.

I. — A gens d'honneur la parole vaut l'écrit. (BALZAC.)

II. — La promesse d'un honnête homme est inviolable; jamais il ne doit manquer à sa parole, l'eût-il donnée à des fripons. (TURENNE.)

Lectures.

I. — Porçon de la Barbinais. (G. DURUY, *Nouveau livre de morale pratique.* — Hachette, éditeur.)

II. — Le maréchal de Turenne. (*Auteurs divers.* POIGNET, *Morale,* p. 41. — Godchaux, éditeur.)

6. — L'HOMME MORAL : LA FIERTÉ, L'ORGUEIL

LECTURE

Le chêne et le roseau.

Le chêne, un jour, dit au roseau :
« Vous avez bien sujet d'accuser la nature :
Un roitelet pour vous est un pesant fardeau !
Le moindre vent qui, d'aventure,
Fait rider la face de l'eau,
Vous oblige à courber la tête ;
Cependant que mon front, au Caucase pareil,
Non content d'arrêter les rayons du soleil,
Brave l'effort de la tempête.
Tout vous est aquilon, tout me semble zéphir.
Encore, si vous naissiez à l'abri du feuillage
Dont je couvre le voisinage,
Vous n'auriez pas tant à souffrir ;
Je vous défendrais de l'orage.
Mais vous naissez le plus souvent
Sur les humides bords des royaumes du vent.
La nature envers vous me semble bien injuste.
— Votre compassion, lui répondit l'arbuste,
Part d'un bon naturel ; mais quittez ce souci ;
Les vents me sont moins qu'à vous redoutables
Je plie, et ne romps pas. Vous avez jusqu'ici
Contre leurs coups épouvantables
Résisté sans courber le dos ;
Mais attendons la fin. » — Comme il disait ces mots,
Du bout de l'horizon accourt avec furie
Le plus terrible des enfants

Que le Nord eût portés jusque-là dans ses flancs.
L'arbre tient bon, le roseau plie.
Le vent redouble ses efforts,
Et fait si bien qu'il déracine
Celui de qui la tête au ciel était voisine
Et dont les pieds touchaient à l'empire des morts.

La Fontaine.

Questionnaire.

I. Par quels mots le chêne montre-t-il qu'il est orgueilleux ?

II. Quelle belle réponse lui fit le roseau ? La fin lui a-t-elle donné raison ?

III. Que veut dire la Fontaine par ces mots : « Le plus terrible des enfants que le Nord eût portés jusque-là dans ses flancs ?

IV. Quelle différence y a-t-il entre la fierté et l'orgueil ? Est-il permis d'être fier ? Quand ?

RÉSUMÉ (à réciter).

1. — La fierté, qu'il ne faut pas confondre avec l'orgueil, est le juste sentiment que nous devons avoir de notre dignité.

2. — La fierté nous pousse à nous suffire à nous-mêmes pour conserver notre indépendance, nous apprend à modérer nos désirs et nous éloigne de la mauvaise compagnie.

3. — L'orgueil est un sentiment exagéré de notre propre valeur : il nous aveugle sur nos défauts et nous rend injustes sur les mérites des autres.

4. — L'orgueilleux se croit sans défaut, tire vanité de tout, cherche à dominer et n'arrive qu'à se faire mépriser.

Maximes.

I. — « L'orgueil déjeune avec l'abondance, dîne avec la pauvreté et soupe avec la honte. »

II. — « Le moi est haïssable. »

Lectures.

I. — Le plaisir d'être paré. (Mézières, *Education morale et instruction civique*, page 74. — Delagrave, éditeur.)

II. — Orgueil. (De Amicis, *Grands cœurs*, page 120. — Delagrave, éditeur).

7. — L'HOMME MORAL : LA MODESTIE, L'HUMILITÉ

LECTURE

Modestie d'un héros.

Lors du siège de Paris par les Allemands, en octobre 1870, Félix Sauton, caporal-fourrier au 106e régiment, avait reçu la médaille militaire. C'était la récompense de sa belle conduite au terrible combat de la Gare-aux-Bœufs, dans la matinée du 29. Cette médaille, il ne la portait pas. Ses chefs et ses camarades le lui reprochaient amicalement. — « Que voulez-vous, leur disait-il, il me semble que je ne l'ai pas encore bien gagnée ; nous verrons plus tard. » — A Buzenval, dans l'attente de l'action, un des hommes de sa compagnie, un ami, lui parlait de cette médaille, qu'il avait, mieux que personne, le droit de porter. — « Eh bien, oui, répondit Sauton, je la mettrai dimanche. » — Cinq minutes plus tard, une balle l'atteignit en pleine poitrine. Il tomba. L'ami s'étant penché sur lui : — « Elle est là, dit le mourant, là, dans ma poche, tu peux me la mettre à présent. »

MULLER.

La morale en action. — Hetzel, édit.

Questionnaire.

I. Que pensez-vous de Félix Sauton, et pourquoi ne portait-il pas la médaille qu'il avait si bien méritée ?

II. En quoi peut consister la modestie ? Est-elle différente de l'humilité ?

III. Peut-on être modeste à tout âge ? Comment ?

IV. Que procurent la modestie et l'humilité à ceux qui pratiquent ces deux vertus ?

RÉSUMÉ (à réciter).

1. — La modestie est une vertu qui nous porte à penser et à parler de nous-même sans orgueil.

2. — Le modeste ne cherche pas à humilier les autres en faisant valoir des avantages qu'il possède :

il sait que la plupart des hommes valent autant et mieux que lui.

3. — La modestie donne du relief à tous les talents et attire la sympathie : soyons modestes.

4. — Il est une belle vertu qui dérive de la modestie, c'est l'humilité qui nous donne le sentiment de notre faiblesse et réprime en nous les mouvements de l'orgueil.

5. — Non seulement l'homme humble ne tire pas vanité de ses avantages, mais encore il éprouve une sorte de honte à la pensée de ce qui lui manque.

Maximes.

I. — Le vrai mérite est toujours modeste.
II. — La modestie donne du relief à tous les talents. (DUCLOS.)

Lectures.

I. — Le lieutenant Aubry. (BRUNO, *Enfants de Marcel*, page 71. — Belin frères, éditeurs.)
II. — Le véritable mérite est modeste. (CAZES, C. E., *Livre de lecture*, page 232. — Delagrave, éditeur.)

---

8. — L'HYPOCRISIE. — LA FLATTERIE

LECTURE

La herse.

Un fermier envoya deux de ses domestiques emprunter une herse chez un de ses voisins, et leur donna ordre de l'apporter à deux sur leurs épaules.

Quand ils la virent, l'un d'eux, qui ne manquait pas d'esprit, dit : « A quoi pense notre maître de n'envoyer que deux hommes pour porter cette herse? Il n'y a pas sur la terre deux hommes en état de la porter. — Bon, dit l'autre, fier de sa force, que parlez-vous de deux hommes ? Un seul suffit : aidez-moi à la charger sur mes épaules, et vous verrez. »

Tandis qu'il marchait chargé de son fardeau, son camarade s'écriait : « Comme vous êtes fort ! Je ne l'aurais jamais cru ! Vous êtes un Samson ! Il n'y a pas deux hommes comme vous au monde ! Quelle force étonnante le ciel vous a donnée ! Mais vous vous tuerez, mettez la herse à terre et reposez-vous un moment, ou laissez-moi vous aider. — Non, non, reprit l'autre, plus encouragé par les compliments que fatigué par le fardeau ; vous verrez que je suis en état de la porter jusqu'à la maison. » Et il y réussit en effet.

On est toujours la dupe des flatteurs quand on les écoute.

FRANKLIN.

Questionnaire.

I. Quel but poursuivent toujours les flatteurs? A quelles personnes s'adressent-ils de préférence ?

II. Les flatteries sont-elles toujours des vérités? Quel autre défaut accompagne souvent la flatterie ?

III. Les flatteurs ne sont-ils pas souvent des hypocrites? — Qu'entendez-vous par l'hypocrisie?

IV. Dans quel but La Fontaine a-t-il composé sa fable intitulée : Le Corbeau et le Renard?

RÉSUMÉ (à réciter).

1. — L'hypocrisie est le vice de ceux qui prennent des dehors trompeurs, affectent la vertu et pratiquent le vice.

2. — Les hypocrites sont des gens à double face, qui flattent devant et méprisent derrière.

3. — Les hypocrites n'ont ni l'estime ni la confiance de ceux qui les connaissent : ils n'inspirent que du mépris.

4. — La flatterie, qui tient de l'hypocrisie, est une louange fausse et excessive donnée dans un but intéressé.

5. — On est toujours la dupe des flatteurs : mettons-nous en garde contre les louanges.

Maximes.

I. — Soyez en garde contre les louanges et défiez-vous des gens que vous ne connaissez pas. (LESAGE.)

II. — Le flatteur vit aux dépens de celui qui l'écoute. (FRANKLIN.)

Lectures.

I. — Le loup et le jeune mouton. (CAZES, *Livre de Lecture*, page 303. — Delagrave, éditeur.)

II. — Le madrigal. (Mme DE SÉVIGNÉ.) BEAUFILS, *Grammaire*, page 15. — Hatier, éditeur.)

COMPOSITIONS FRANÇAISES

I. — Faites le portrait de Jean le paresseux. — Montrez les conséquences de sa paresse : 1° pour son instruction ; 2° pour son avenir.

II. — Le mensonge. — Dites ce que vous savez sur le vilain défaut qu'est le mensonge ; ensuite vous raconterez une anecdote où vous montrerez comment un menteur a été puni pour avoir dénaturé la vérité (*C. E.*).

III. — Expliquez cette maxime : « Il ne faut pas dire tout ce que l'on pense, mais il faut penser tout ce que l'on dit. » Citez différents cas où on peut l'appliquer.

IV. — Expliquez cette maxime : « La vérité écorche les oreilles, la flatterie les allonge. » Prouvez par différents exemples qu'il faut se défier des flatteurs.

MOIS DE MAI

L'HOMME MORAL (*suite*).

1. — **Le courage.**
2. — **Esprit d'initiative. — Constance.**
3. — **La patience. — La modération.**
4. — **La colère.**
5. — **La haine. — L'envie. — La jalousie.**
6. — **Devoirs envers les animaux. — Loi Grammont.**
7. — **La société.**
8. — **Devoirs spéciaux. — Devoirs professionnels.**

Révision mensuelle.

1. — L'HOMME MORAL : LE COURAGE

LECTURE

Le courage. — Un matin, avant une bataille, Turenne parcourait les lignes de son armée. Tout était préparé; il donne le signal de l'attaque, et la canonnade commence. Mais, au premier coup, il se sentit saisi d'une telle terreur que son visage pâlit et ses membres se mirent à trembler. Les officiers qui l'entouraient s'en aperçurent. Lui, il se tut un moment. Puis, jetant sur tout son corps un regard de colère : « Ah ! vieille carcasse, tu trembles ! Tu tremblerais bien plus si tu savais où je vais te mener ! » Et, se précipitant sur l'endroit où le feu était le plus terrible, il fut plus héroïque qu'il ne l'avait jamais été.

Turenne, ce jour-là, a eu du courage parce qu'il l'a voulu. L'homme n'est pas maître de ses sentiments, mais il est maître de ses actions ; on ne peut se défendre d'être craintif, mais on peut se défendre d'être lâche.

LEGOUVÉ.

Nos filles et nos fils. — Hetzel, éditeur.

Questionnaire.

I. Était-ce par crainte de la mort que Turenne tremblait?

II. A qui s'adressait-il quand il disait : « Ah! vieille carcasse, tu trembles! Tu tremblerais bien plus si tu savais où je vais te mener! »

III. Quelles vertus permirent à Turenne de surmonter sa peur?

IV. Est-ce seulement sur les champs de bataille ou dans le danger qu'on peut faire preuve de courage?

RÉSUMÉ (à réciter).

1. — Le courage est cette force d'âme qui nous fait braver le danger ou supporter la souffrance et les misères de la vie.

2. — Il y a deux sortes de courage : le courage militaire et le courage civil.

3. — Le courage militaire est le courage du soldat qui risque sa vie pour sa patrie.

4. — Le courage civil est celui qui se produit dans la vie commune. Accomplir son devoir de chaque jour, savoir souffrir et ne pas se laisser abattre par le malheur, sauver une personne en danger, secourir les malades en temps d'épidémie, etc., voilà des actes de courage civil.

5. — Celui qui n'accomplit pas son devoir est un lâche.

Maximes.

I. — On juge le courage non aux paroles, mais aux actions.

II. — Lâche et Français sont deux mots qui ne peuvent s'accorder.

Lectures.

I. — Georges Washington. (V. PÉCAUT, *Instruction morale*, page 81. — Hachette, éditeur.)

II. — Un héros de douze ans. (V. PÉCAUT. *Discours sur les prix de vertu*, page 68. — Hachette, éditeur.)

2. — ESPRIT D'INITIATIVE. — CONSTANCE

LECTURE

Bernard Palissy. — Voulez-vous connaître un exemple célèbre de volonté ferme et persévérante? Bernard de Palissy, né de parents très pauvres qui ne purent lui faire donner qu'une instruction élémentaire, apprit seul le dessin, et devint très habile dans cet art. Avec le produit de quelques travaux d'arpentage et de peinture sur vitraux, il visita, pour s'instruire, une grande partie de la France. Il avait déjà près de quarante ans et était établi à Saintes, lorsqu'ayant vu une magnifique coupe émaillée, il résolut de chercher le secret de la composition de l'émail, secret alors connu seulement de quelques artistes italiens, qui s'en servaient pour faire de beaux ouvrages qu'ils vendaient fort cher.

Il se mit résolument à l'œuvre, mais il eut bientôt épuisé ses maigres économies sans tenir le succès. Il ne se rebuta pas. Le prix d'une carte des marais salants de la Saintonge, qu'il fut chargé de lever, fut consacré à de nouvelles tentatives. Ensuite il emprunta de l'argent pour faire construire un fourneau; brûla, pour le chauffer, ses meubles et les planches de sa maison, et donna en paiement à l'ouvrier qui l'aidait une partie de ses habits. Enfin, après seize années de travaux, le plus brillant succès couronna ses efforts. Ses belles poteries émaillées, ses vases, ses figurines achetés à l'envi par le roi Henri II et par tous les amateurs des arts, ornèrent les jardins et les châteaux, et la France se trouva enrichie d'une industrie nouvelle.

BARRAU.

Morale. — Hachette, éditeur.

Questionnaire.

I. Quelles qualités découvrez-vous chez Bernard Palissy?

II. Quels buts poursuivait-il en se montrant aussi persévérant?

III. Quels sont les fruits de l'esprit d'initiative et de la constance?

IV. Comment pouvez-vous à votre âge pratiquer la persévérance et quels en seront pour vous les heureux résultats?

RÉSUMÉ (à réciter).

1. — L'esprit d'initiative, qui dérive du courage, est une qualité qui nous pousse à faire le premier une chose, à en donner l'idée.

2. — Mettre toute notre activité à triompher d'une difficulté, nous ingénier à nous tirer d'une situation embarrassée, apporter la plus grande résolution dans l'exécution d'un projet, c'est avoir de l'initiative.

3. — L'esprit d'initiative contribue au progrès; c'est à lui que nous devons les inventions, les découvertes qui font avancer la civilisation.

4. — La constance est la force morale par laquelle on garde l'empire de soi-même : c'est une sorte d'opiniâtreté, de courage dans ce qu'on entreprend.

Maximes.

I. — Aide-toi, le ciel t'aidera. (La Fontaine.)
II. — Vouloir c'est pouvoir.

Lectures.

I. — Robinson Crusoé. (Taine.) Cazes, *Livre de lecture, C. M.*, page 139. — Delagrave, éditeur.
II. — Stephenson et la persévérance. (Bruno, *Francinet*, page 74. — Belin frères, éditeurs.)

---

3. — LA PATIENCE. — LA MODÉRATION

LECTURE

Patience. — Henri IV était né vif et emporté; mais il se rendit tellement maître de sa colère qu'il savait se modérer dans les occasions les plus difficiles.

Au siège de Rouen, l'ennemi fit une sortie furieuse qui fut couronnée de succès. On rejeta généralement la faute de cet échec sur Crillon.

Crillon voulut se justifier; il alla trouver le roi, qui ne parut pas aussi persuadé de ses raisons qu'il l'eût voulu. Des excuses il passa à la contestation, et de la contestation à l'emportement.

Le roi, irrité de ce manque de respect, lui ordonna

de sortir. Crillon revenant à tout moment, on s'aperçut que Henri allait perdre patience. Enfin Crillon sortit, et le roi, s'étant calmé, dit aux seigneurs qui l'accompagnaient :

« La nature m'a formé colère ; mais depuis que je me connais, je me suis toujours tenu en garde contre une passion qu'il est dangereux d'écouter. Je le sais par expérience, et je suis bien aise d'avoir de si bons témoins de ma modération. » Th.-H. BARRAU.

Morale. — Hachette, éditeur.

Questionnaire.

I. Quel était le caractère de Henri IV ; et comment arriva-t-il à se maîtriser?

II. Pourquoi, dans son entretien avec Crillon, Henri IV allait-il perdre patience?

III. Que dit Henri IV aux seigneurs témoins de sa modération?

IV. Montrez, par des exemples, la vérité de cette maxime : « Patience et longueur de temps font plus que force et que rage. »

RÉSUMÉ (à réciter).

1. — La patience est une vertu qui nous fait supporter sans murmurer les peines et les contrariétés.

2. — Il faut être patient pour devenir maître de soi et des autres.

3. — L'enfant patient ne s'irrite pas lorsqu'on contrarie ses volontés et ses caprices : il oppose la douceur à la violence.

4. — L'impatience, qui parait une force et une vigueur de l'âme, n'est qu'une faiblesse et une impuissance à souffrir la peine.

5. — La modération est cette vertu qui nous fait fuir tout excès et ne nous laisse pas griser par nos succès : c'est une des formes du courage.

Maximes.

I. — Patience et longueur de temps font plus que force et que rage. (LA FONTAINE.)

II. — La patience est l'attribut des forts, l'impatience est l'attribut des enfants. (MARION.)

Lectures.

I. — La plante précieuse. (SCHMIDT.) V. CAZES, *Livre de lecture*, page 64. — Delagrave, éditeur.)

II. — Le lion et le rat. (La Fontaine.) V. Cazes, *Livre de lecture*, page 208, — Delagrave, éditeur.)

---

4. — LA COLÈRE

LECTURE

La colère. — Combat de coqs. — Querelle d'écoliers. — Laideur de la colère. — 1. — Dans la cour de la ferme, deux jeunes coqs vident une querelle. Voyez-les dressés sur leurs ergots, bec à bec, le cou tendu, les ailes à demi ouvertes, les plumes hérissées! Les voilà qui se ruent l'un sur l'autre : Les plumes volent, les crêtes se rougissent de sang, l'un des combattants va rester sur le carreau.

Et pourquoi ce combat acharné? Pour un rien, pour un grain que l'un a pris sous le bec de l'autre.

Petits coqs, vous êtes deux sots!

2. — Dans la cour de l'école, Jacques et Jean se disputent. Voyez-les nez à nez, les yeux hors de la tête, la face toute rouge comme la crête des coqs. Ils s'injurient et se menacent, l'écume aux lèvres, le bras levé et le poing tendu. Une minute encore et les coups vont pleuvoir, et le sang va couler. Heureusement le maître intervient. Il calme les combattants et demande des explications.

3. — Jacques a heurté Jean en courant. Beau sujet de guerre, vraiment! Petits sots, plus sots encore que les petits coqs! voulez-vous bien vous tendre la main et vous souvenir qu'il vaut mieux rire de ces petits accidents que de s'en fâcher.

Rien n'est plus laid qu'un enfant en colère!

X...

Questionnaire.

I. Quelle est l'attitude des deux coqs prêts à se battre?

II. L'attitude de Jacques et de Jean ne ressemble-t-elle pas à celle des coqs? De quelle façon?

III. Quels sont les motifs de ces deux batailles? Sont-ils sérieux? Qu'auraient dû faire les deux enfants au lieu de se battre?

IV. Dites à quelles conséquences terribles peut conduire la colère. — Que ferez-vous pour éviter ce grave défaut?

RÉSUMÉ (à réciter).

1. — La colère est une irritation violente qui rend l'homme hideux, fou et brutal.

2. — La colère a souvent pour causes le manque de patience, la haine, l'envie, la jalousie, la mauvaise humeur.

3. — La colère fait oublier toute bienséance, altère le caractère et pousse parfois à des actes irréparables comme le crime.

4. — Je tâcherai d'être toujours patient, calme et de bonne humeur pour n'avoir pas à regretter un acte de brutalité ou de violence.

Maximes.

I. — Où la colère a semé, c'est le repentir qui recueille.

II. — Vaincre sa colère, c'est dompter son plus grand ennemi.

Lectures.

I. — Le prince violent. (Mme LEPRINCE DE BEAUMONT.) V. POIGNET, *Morale*, 45e leçon. — Godchaux, éditeur.

II. — Bataille. (DEVINAT.) *Lectures enfantines*, page 83. — Delagrave, éditeur.

---

5. — LA HAINE. — L'ENVIE. — LA JALOUSIE

LECTURE

La jalousie, ses conséquences. — Le cultivateur Legendre, homme avisé, instruit et actif, avait pour collègue et voisin le routinier et paresseux Lourdaud, un habitué du cabaret, un grand ami du jeu.

Bien souvent, tandis que Legendre travaillait sa terre ou surveillait ses ouvriers, Lourdaud faisait une partie de cartes avec les siens et buvait le verre, disant : « Cela nous donnera des forces et nous rattraperons le temps perdu. » Bien des heures se passaient ainsi dans l'année, le travail en souffrait beaucoup et les récoltes étaient souvent médiocres. Les mauvaises années y aidant, Lourdaud fut vite ruiné et une partie de ses propriétés fut achetée par son voisin.

Une jalousie sourde s'empara de Lourdaud et un jour, pour nuire à Legendre, il mit le feu à deux de ses meules.

Le malheureux, qu'on avait vu rentrer chez lui à la dérobée, au moment de l'incendie, et ne plus paraître sur les lieux du sinistre, fut soupçonné, dénoncé et arrêté.

Dans l'interrogatoire qu'on lui fit subir, il balbutia un instant puis finit par avouer son forfait. Une condamnation grave s'ensuivit et Lourdaud paya bien cher et ses habitudes du jeu, et sa jalousie à l'égard de l'actif et vigilant Legendre.

Questionnaire.

I. Quels défauts attribuez-vous à Lourdaud?

II. Quelles qualités contraires trouvez-vous chez Legendre?

III. Lourdaud n'eut-il pas à regretter vivement sa façon d'agir?

IV. Faites ressortir, à l'aide d'exemples, la différence qui existe entre la haine et la jalousie.

RÉSUMÉ (à réciter).

1. — Nous devons éviter la haine qui nous fait souhaiter du mal à ceux qui nous ont nui ou qui nous déplaisent.

2. — La haine excite en nous le désir de la vengeance : il n'est guère de défaut qui indique plus de bassesse de cœur.

3. — Vengeons-nous par des bienfaits, c'est-à-dire rendons le bien pour le mal, et nous éprouverons une bien douce satisfaction.

4. — Evitons l'envie ou le désir de posséder ce dont jouissent nos semblables et n'éprouvons aucun chagrin du bonheur des autres. L'envieux et le jaloux sont des égoïstes.

Maximes.

I. — La vengeance est une faiblesse de l'âme et une lâcheté.

II. — Ne haïssons personne : le vice seul est haïssable.

Lectures.

I. — L'envie. (AMICIS, *Grands cœurs*, page 108. — Delagrave, éditeur.)

II. — La vengeance de Dominique. (BRUNO, *Enfants de Marcel*, page 161. — Belin frères, éditeurs.)

6. — DEVOIRS ENVERS LES ANIMAUX

LECTURE

Pitié pour les animaux. — Je traversais la Bretagne, pays où l'on rencontre bien des landes arides et des champs sans culture. La chaleur était étouffante. Je montais un chemin difficile. Une petite charrette pleine d'ardoises cheminait à côté de moi. Je remarquais bientôt que le conducteur, pauvre vieillard tout déguenillé, tirait autant que le cheval, et je lui dis : « Mon ami, vous vous donnez bien de la peine. » Oh ! monsieur, me répondit-il, cela ne fait rien; je soulage mon bon vieux cheval, qui est aveugle. Et il ajouta, comme s'il se parlait à lui-même : « Pauvre Pierrot, tu es mon seul ami, toi, et ma seule fortune ! » Nous arrivions au haut de la montagne. Le vieillard arrêta la voiture ; et, avec de la fougère, il essuyait la sueur qui coulait sur son cheval. « Allons, encore un effort, Pierrot, disait-il, la route est dure ; mais tu te reposeras demain. » Et l'animal reconnaissant frottait doucement sa tête sur la figure du paysan.

J. SIMON.

Le livre du petit citoyen. — Hachette, éditeur.

Questionnaire.

I. Quels sentiments poussaient le vieillard à traiter son vieux cheval avec tant d'égards ?

II. Citez les actes par lesquels certains animaux prouvent leur reconnaissance envers ceux qui les traitent avec douceur.

III. Quels sont nos devoirs envers les animaux domestiques et envers les oiseaux ?

IV. N'y a-t-il pas une loi de protection envers les animaux ? Que défend-elle ? Quelles peines inflige-t-elle ?

RÉSUMÉ (à réciter).

1. — Notre bonté doit s'étendre à tous les êtres animés qui sont, comme nous, sensibles à la douleur.

2. — Nous avons le droit de tuer certains animaux pour nous défendre ou nous nourrir. Nous pouvons en domestiquer certains autres et mettre à profit leurs forces ou leurs produits ; mais nous avons le devoir d'épargner à tous les souffrances inutiles.

3. — Maltraiter les animaux domestiques c'est mal comprendre notre intérêt ; c'est de plus être méchant, ingrat et parfois imprudent.

4. — De même, détruire les oiseaux, protecteurs de nos récoltes, ou dénicher leurs nids, c'est se montrer cruel et ignorant.

5. — La loi Grammont punit d'amende et de prison ceux qui maltraitent les animaux ou détruisent les oiseaux. — Les Sociétés protectrices d'animaux récompensent au contraire les bons traitements et les faits de protection qui leur sont signalés.

Maximes.

I. — Si tu t'accoutumes à faire du mal aux animaux, tu en feras bientôt aux hommes. (FRANKLIN.)

II. — « Laissons les bouquets à leurs tiges et les nids aux buissons. »

Lectures.

I. — La Chèvre d'André. (BRUNO, *L'adolescent*, page 41. Belin frères, éditeurs.)

II. — Le nid de fauvette. (CAZES, *Livre de lecture*, *Cours Elém.*, page 95. — Delagrave, éditeur.)

7. — LA SOCIÉTÉ

LECTURE

Les métiers.

Sans le paysan, aurais-tu du pain ?
C'est avec le blé qu'on fait la farine ;
L'homme et les enfants, tous mourraient de faim,
Si, dans la vallée et sur la colline,
On ne labourait et soir et matin !

Sans le boulanger, qui ferait la miche?
Sans le bûcheron, roi de la forêt,
Sans poutres, comment est-ce qu'on ferait
La maison du pauvre et celle du riche?
Même notre chien n'aurait pas sa niche!

Sans le tisserand, qui ferait la toile?
Et, sans le tailleur, qui coudrait l'habit?
Il ne fait pas chaud à la belle étoile!
Irions-nous tout nus, le jour et la nuit,
Et l'hiver surtout, quand le nez bleuit?

Aimez les métiers, le mien, — et les vôtres!
On voit bien des sots, pas un sot métier;
Et toute la terre est comme un chantier
Où chaque métier sert à tous les autres,
Et tout travailleur sert le monde entier!

JEAN AICARD.

Le livre des petits. — Ch. Delagrave, édit.

Questionnaire.

I. Que veut prouver l'auteur en parlant des artisans?

II. Imaginez l'arrêt soudain de tous les métiers; que deviendriez-vous? Vous serait-il possible de vous procurer le nécessaire?

III. Quels bienfaits nous procure la société? Ne lui devons-nous rien en retour?

IV. Qu'arriverait-il si la société ne réglait pas les rapports des individus entre eux?

RÉSUMÉ (à réciter).

1. — L'homme est né pour vivre en société.

2. — Sans la société et les avantages qu'elle lui procure, l'homme mourrait d'ennui et de misère.

3. — Petits ou grands nous avons tous besoin les uns des autres et nous devons nous entr'aider.

4. — Grâce à la société, nous vivons heureux : elle nous procure le bien-être et la sécurité.

5. — Sans la société avec ses lois, avec l'autorité que tous acceptent, les forts opprimeraient les faibles, et il n'y aurait ni justice ni sécurité.

Maximes.

I. — L'homme n'est pas fait pour vivre seul.
II. — Aidons-nous mutuellement.

Lectures.

I. — Robinson Crusoé. (V. COMPAYRÉ, *Eléments d'éducation morale et civique*, page 26. — Delaplane, éditeur.)
II. — Les membres et l'estomac. (LA FONTAINE.) GUIOT ET MANE, *Nos Causeries* C. M., page 280. — Delaplane, éditeur.

---

8. — DEVOIRS SPÉCIAUX. DEVOIRS PROFESSIONNELS

LECTURE

Le médecin Dumoulin. — Lorsque Louis Dumoulin fut devenu docteur, il vint s'établir dans son village natal, n'ayant d'autre ambition que de mettre son savoir et ses forces au service des braves gens au milieu desquels son enfance s'était écoulée.

Alors commença pour lui une vie pleine de dévouement. Le jour, la nuit, à toute heure, il se rendait en hâte au chevet des malades, le plus souvent à pied car il n'était pas riche. Il prodiguait son temps, sa santé et parfois son argent.

Il luttait aussi vigoureusement contre l'ignorance des campagnards que contre leurs maladies et s'efforçait de leur faire contracter des habitudes d'hygiène.

Une épidémie de fièvre typhoïde ayant éclaté dans le village et ses environs, Louis Dumoulin se multiplia, ne dormit plus, et c'est à peine s'il prenait le temps de manger. Atteint par la maladie, on ne le sauva qu'à grand'peine. Il était encore en convalescence quand il fut appelé près d'une enfant de six ans atteinte du croup. Il accourut, mais ne put arrêter le terrible mal. L'enfant allait périr étouffée. Sa mère supplia le docteur de faire l'impossible pour sauver la pauvre petite. Sans hésiter Dumoulin appliqua ses lèvres sur celles de la malade et, par une forte aspiration, lui dégagea la gorge des membranes qui l'obstruaient. Le sauveur sortit sain et sauf de cette terrible épreuve et continua sa vie de dévouement.

Questionnaire.

I. Etait-ce une ambition légitime que celle de Louis Dumoulin? Pourquoi?

II. Que fit-il, une fois médecin, pour remplir ses devoirs professionnels?

III. Trouvez, dans la lecture, un acte qui vous montre que Dumoulin poussa le devoir jusqu'au dévouement.

IV. Avez-vous, à votre âge, des devoirs professionnels à remplir? Quels sont-ils?

RÉSUMÉ (à réciter).

1. — Héritiers des mille générations qui nous ont faits ce que nous sommes, nous devons comme elles travailler pour contribuer au progrès et ajouter quelque chose à l'humanité.

2. — Quelle que soit notre profession, elle nous impose des devoirs particuliers et nous dit : Fais bien ce que dois.

3. — L'homme ne peut, sans honte, vivre en oisif au détriment de la société sans rien lui donner en échange.

4. — L'enfant a à s'acquitter de ses devoirs d'écolier : il doit travailler en conscience afin de se préparer à remplir scrupuleusement ceux de la profession qu'il choisira.

Maximes.

I. — Le travail enrichit; la paresse appauvrit.

II. — « Il n'est si petit état qui ne nourrisse son maître. »

Lectures.

I. — Mr Valentin, préfet de Strasbourg en 1870. (BRUNO, *Enfants de Marcel*, page 136. — Belin frères, éditeurs.)

II. — Un député courageux : Lanjuinais. (COMPAYRÉ, *Eléments d'éducation morale et civique*, page 105. — Delaplane, éditeur.)

COMPOSITIONS FRANÇAISES

I. — Montrez par des exemples comment un écolier, un ouvrier, un fonctionnaire peuvent faire preuve de courage.

II. — Montrez que la persévérance est indispensable à l'écolier, au savant, au commerçant, à l'explorateur, et en général à tous les hommes, pour réussir dans leur entreprise.

III. — La modération. — En quoi consiste-t-elle ? — Modération dans les jugements, les actes, les paroles. — Exemples. — Conséquences.

IV. — Vous avez déjà vu maltraiter des animaux. — Racontez un acte de brutalité et montrez que les animaux domestiques ainsi que les oiseaux ne méritent pas le sort qu'on leur fait.

MOIS DE JUIN

DEVOIRS DE JUSTICE

1. — Devoirs de justice. — Respect de la vie.
2. — Respect de la liberté.
3. — Respect de la propriété.
4. — Respect des opinions et des croyances.
5. — Respect de l'honneur. — La calomnie. — La médisance.
6. — La charité. — La solidarité.
7. — Les degrés de la charité. — La bienveillance. — La bienfaisance.
8. — Le dévouement ou sacrifice.

Révision mensuelle.

1. — DEVOIRS DE JUSTICE. — RESPECT DE LA VIE

LECTURE

Respect de la vie d'autrui. — Un châtelain revenait de voyage. Il allait franchir la grille de son parc, quand il vit un homme qui, monté sur un châtaignier, volait des châtaignes. Il s'éloigna sans mot dire, fit un détour d'une demi-heure et entra enfin chez lui. La première fois, il avait été vu de sa femme. Elle lui demanda la cause de son retard et de sa promenade improvisée. Il lui raconta ce qu'il avait vu : « Je suis retourné sur mes pas, ajouta-t-il, parce que, si cet homme m'avait aperçu, la peur aurait pu le faire tomber. S'il s'était blessé mortellement, je ne me le serais pas pardonné. Ces châtaignes valent-elles la mort d'un homme ? »

Druaux et Thiery.

Instruction morale et civique. — Druez, édit.

Questionnaire.

I. Pourquoi ce châtelain fait-il un détour pour ne pas rentrer directement chez lui ?

II. — Avons-nous le droit d'exposer la vie de nos semblables ou d'y attenter ? Pourquoi non ?

III. — Comment peut-on qualifier l'homicide ?

IV. N'avons-nous pas dans certains cas le droit de porter des coups ou d'occasionner des blessures à autrui ? Quand ?

RÉSUMÉ (à réciter).

1. — La justice c'est le respect du droit des autres, respect de leur vie, de leur liberté, de leurs biens, de leurs opinions, de leurs croyances et surtout de leur honneur.

2. — La vie de l'homme est sacrée : nul n'a le droit d'y porter atteinte.

3. — Le meurtre ou homicide est le plus grand des crimes. Le plus abominable des meurtres est le parricide.

4. — L'homicide n'est permis que dans le cas de légitime défense, quand notre vie est menacée.

5. — Le duel et la guerre, qui donnent raison au plus adroit ou au plus fort, sont regrettables, et les actes de violence, les coups, les blessures sont de graves manquements à la loi de justice.

Maximes.

I. — Puisque la vie est le premier des biens, l'homicide est le premier des crimes.

Lectures.

I. — Respect de la vie humaine. (DIDEROT.) LUCIENNE, p. 289 — Robbe, éditeur.

II. — Les vases du Japon. (GUYAU, *Lecture courante*, Cours moyen, page 86. — Colin, éditeur.)

---

2. — RESPECT DE LA LIBERTÉ

LECTURE

Le Métayer de M. Richert. — Un dimanche matin, le métayer Grégoire fut appelé chez M. Richert, le propriétaire de sa métairie.

« Asseyez-vous, dit M. Richert sans quitter son fauteuil. J'ai à vous parler. Il ne me plaît pas que vous fréquentiez le cordonnier Giffard. Cet homme-là ne me veut pas de bien, n'allez plus chez lui si vous tenez à m'être agréable.

— Monsieur Richert, cela me sera bien difficile. Giffard a toujours été mon meilleur ami, et je vous assure...

— Je sais ce que je sais. En outre, je vois avec peine que vous n'achetez pas votre pain chez mon boulanger et votre viande chez mon boucher.

— Monsieur Richert, je suis mieux servi ailleurs.

— Croyez-vous ? En tout cas, ceux-là m'ont rendu service et je voudrais les aider.

— Est-ce tout ?

— Pas encore. Il ne me convient pas que vous envoyiez vos enfants à l'école du bourg.

— Ils y sont très bien, ils y font des progrès : je ne puis pas les retirer.

— Je vous engage vivement à les retirer.

— Monsieur Richert, vous ferez de moi ce que vous voudrez, il m'est impossible de vous satisfaire.

— Songez que votre bail prend fin dans deux mois. J'aurai dix métayers pour un, et plus accommodants que vous, je vous assure.

— Ainsi, monsieur, vous me donnez à choisir entre la misère et l'esclavage. Il ne vous suffit pas que je sois bon métayer et que je vous paye régulièrement ce que je vous dois. Il vous faut encore le sacrifice de ma liberté.

Je n'aurai d'amis que ceux qui vous conviennent, de fournisseurs que ceux qui vous plaisent, et d'école pour mes enfants que celle qui vous est agréable. Gardez votre métairie, je conserve mes droits et ma liberté. Mais si chétif que je sois, sachez-le bien, je m'estime au-dessus de vous, car vous n'êtes pas un honnête homme.

DEVINAT.

(*Lecture et morale*, Cours moyen, p. 220. — Larousse, éditeur.)

Questionnaire.

I. M. Richert avait-il le droit d'empêcher son métayer d'acheter ses denrées où il voulait et d'envoyer ses enfants à l'école qu'il préférait ? Pourquoi non ?

II. Quelle belle, digne et fière réponse lui fit M. Grégoire ?

III. M. Grégoire avait-il raison de préférer garder ses droits et sa liberté plutôt que la métairie ? Pourquoi ?

IV. Citez quelques exemples où on pourrait attenter à la liberté de vos parents.

RÉSUMÉ (à réciter).

1. — Le plus précieux des biens, après la vie, c'est la liberté ou le droit d'agir selon sa volonté.

2. — L'homme n'appartient qu'à lui-même, et pourvu qu'il respecte la liberté des autres, nul ne peut l'inquiéter ou l'arrêter.

3. — L'esclavage, le servage, les lettres de cachet, la traite des nègres étaient de honteuses violations de la liberté.

4. — La dépendance de l'employé, comme celle de l'ouvrier n'est pas une atteinte portée à la liberté. En cas de mésintelligence avec son patron, ou s'il y trouve avantage, l'employé ou l'ouvrier peut choisir un autre maître.

Maximes.

I. — Les hommes naissent et demeurent libres. (*Déclaration des droits de l'homme.*)

II. — Notre liberté finit là où commence celle des autres.

Lectures.

I. — La traite des nègres, Mirabeau. (BOYER, *Livre de morale*. — Fouraut, éditeur.)

II. — Le loup et le chien. (LA FONTAINE.) CUIR, *Récitation*, 2e livret, n° 67. — Druez, éditeur.

3. — RESPECT DE LA PROPRIÉTÉ

LECTURE

Le champ d'orge. — Un capitaine de cavalerie est commandé pour aller au fourrage. Il part avec son escouade et se rend dans le quartier qui lui est assigné. C'était un vallon solitaire, où l'on n'apercevait guère que des bois et des landes. Il avise une cabane ; il y frappe : il en sort un religieux à barbe blanche. « Mon père, lui dit l'officier, montrez-moi un champ où je puisse faire fourrager mes cavaliers. — Volontiers ! répondit le vieillard. » Ce brave homme se met à leur tête et remonte avec eux le vallon. Après une demi-heure de marche, ils trouvent un beau champ d'orge : « Voilà ce qu'il nous faut, dit le capitaine. — Attendez un moment, lui dit son conducteur, vous serez content. » Ils arrivent plus loin à un autre champ d'orge. L'officier dit alors : « Mon père, vous nous avez conduits trop loin sans nécessité : cette orge n'est pas assez mûre, et le premier champ valait mieux que celui-ci. — Cela est vrai, monsieur, reprit le bon vieillard ; mais il n'était pas à moi. »

B. DE SAINT-PIERRE.

Questionnaire.

I. Pourquoi le vieillard ne conduisit-il pas le capitaine dans le premier champ d'orge qu'il rencontra?

II. Y a-t-il plusieurs façons de respecter la propriété d'autrui ? Quelles sont-elles ?

III. Qu'arriverait-il si la propriété n'était pas respectée ?

IV. Peut-on attenter à la propriété d'autrui de différentes manières ? Nommez-les.

RÉSUMÉ (à réciter).

1. — La probité nous dit de respecter la propriété d'autrui et de n'employer que des moyens honnêtes pour augmenter la nôtre.

2. — On porte atteinte à la propriété par le vol, acte honteux que la loi punit et que la morale réprouve.

3. — Les commerçants qui font un gain trop élevé, ceux qui trompent sur la qualité ou la quantité d'une marchandise, commettent un vol.

4. — Ceux qui trichent au jeu, qui prêtent à trop gros intérêts, qui cachent des objets volés ou conservent des objets trouvés sans en rechercher les propriétaires, sont de véritables voleurs.

5. — L'escroquerie, la fraude, la contrebande et le braconnage sont encore des formes du vol.

Maximes.

I. — Pain mal acquis remplit la bouche de gravier.
II. — Qui a pris doit restituer.

Lectures.

I. — Rare exemple de délicatesse. (LABOR, C. E., *Dictées et exercices français,* page 22. — Garnier frères, éditeurs.)
II. — Le portefeuille. (CUIR, *Morale,* page 88. — Drucz, édit.)

4. — RESPECT DES OPINIONS ET DES CROYANCES

LECTURE

L'ouvrier Jean Chapuis. — Je ne vous comprends pas, Chapuis. Vous êtes intelligent, bon ouvrier et d'excellente conduite, mais vous montrez un entêtement extraordinaire. Encore une fois, votez et faites voter pour mon candidat. Vous vous en trouverez bien ! — Cela m'est impossible, patron, et je le regrette. Je voterai selon ma conscience, et ma conscience ne me permet pas de soutenir votre candidat. — A votre aise, mon ami ! Je voulais faire de vous un contre-maître, je verrai plus tard ! — Resté seul, Jean Chapuis rêva un instant : « Contremaître ! mon salaire doublé ! l'aisance et la tranquillité dans ma famille ! Que je serais heureux ! Allons ! dit-il avec un soupir, n'y pensons plus ! Devenir contremaître par ce moyen, c'est renoncer à être Jean Chapuis ! Advienne que pourra ! je ferai mon devoir ! »

Et il fit son devoir ouvertement et sans crainte. Il vota comme il l'entendait.

DEVINAT.

Livre de lecture et de morale. — Larousse, édit.

Questionnaire.

I. Un patron a-t-il le droit de faire voter ses ouvriers et ses employés pour le candidat de son choix? Pourquoi non?

II. Comment appelle-t-on ceux qui veulent imposer leurs opinions ou leurs croyances à ceux qui sont sous leurs ordres?

III. Que pensez-vous de la réponse de Jean Chapuis?

IV. Donnez des exemples d'intolérance pris dans l'histoire.

RÉSUMÉ (à réciter).

1. — Les autres hommes ne pensent pas toujours comme nous, en politique et en religion : nous n'avons pas le droit de violenter leur conscience.

2. — Nous pouvons essayer de combattre l'erreur par la persuasion, jamais par la contrainte ou la persécution.

3. — Le patron qui prétend imposer une ligne de conduite à un ouvrier ou le renvoie à cause de ses opinions est un intolérant.

4. — Intolérant aussi l'homme qui déteste les partisans d'une autre religion que la sienne ou ceux qui n'en ont pas.

5. — L'intolérance a causé autrefois de grands malheurs, c'est à elle que l'on doit la plupart des guerres civiles.

6. — De nos jours, bon nombre de querelles regrettables et de rixes sont dues à l'intolérance.

Maximes.

I. — La liberté de penser est un droit essentiel et inviolable. (GÉRARD.)

II. — Respectez la liberté des autres pour qu'ils respectent la vôtre.

Lectures.

I. — Le pauvre colporteur. (LAMARTINE.) PROT, *Lecture expliquée*, p. 295. — Thorinaud, éditeur.

II. — Le massacre de la Saint-Barthélemy. (Histoire LAVISSE, *Cours Elém.*, page 92. — A. Colin, éditeur.)

5. — RESPECT DE L'HONNEUR. LA CALOMNIE. — LA MÉDISANCE

LECTURE

L'Honneur. — Le Vent, l'Honneur, l'Eau et le Feu voyageaient de compagnie. Le Vent, prêtant l'oreille à ses goûts de vagabondage, dit : « Que n'allons-nous chacun de notre côté, selon les hasards de nos caprices ? » L'Eau, toujours prête à s'écouler à la moindre pente, fut de l'avis du Vent. Le Feu les approuva chaudement. L'Honneur ne dit rien.

« Mais, reprit le Feu, si jamais il nous plaisait de nous rejoindre, à quel signe nous reconnaîtrons-nous ? Pour moi, sitôt que vous verrez un panache de fumée au faîte d'une chaumière, vous pourrez dire : le Feu n'est pas loin.

— Et moi, murmura l'Eau, quand vous apercevrez un bouquet de bambous au milieu des champs, sachez que l'Eau est là.

— Moi, s'écria le Vent, dès que les feuilles trembleront, dites : Voilà le Vent !

— Mais toi, l'Honneur, tu restes bouche close.

— Hélas ! mes pauvres amis, soupira l'Honneur, nous nous voyons, en ce moment, pour la dernière fois, car celui qui m'a un jour quitté ne me retrouvera jamais. »

Questionnaire.

I. Que voulait dire l'Honneur par ces paroles : « Celui qui m'a un jour quitté ne me retrouvera jamais ? »

II. Comment chacun peut-il augmenter son honneur et celui de sa famille ? De quelles façons peut-il le perdre ?

III. Ne peut-on pas nuire à l'honneur d'autrui ? Comment ?

IV. Quelle différence faites-vous entre la médisance et la calomnie ?

RÉSUMÉ (à réciter).

1. — L'honneur, réputation acquise par nos ancêtres, est un bien aussi précieux que la vie : nous ne devons jamais y porter atteinte.

2. — Nous devons, au contraire, chercher à accroître notre patrimoine d'honneur par une conduite digne et des actes méritoires.

3. — A ce devoir se joint celui d'éviter avec soin tout ce qui peut nuire à la réputation d'autrui.

4. — On nuit le plus souvent à la réputation d'autrui par des accusations fausses qui constituent la calomnie et par la médisance qui fait connaître sans nécessité les défauts ou les fautes d'autrui.

5. — N'écoutons jamais le mal qu'on nous dit des autres : faisons honte au calomniateur et au médisant.

Maximes.

I. — La calomnie est un serpent qui rampe dans l'ombre afin de mieux choisir sa victime.

II. — La médisance est lâche ; elle s'escrime toujours contre un absent.

Lectures.

I. — Le voyageur et le chien. (LABOR, C. E., *Dictées et exercices français*, page 138.)

II. — Une victime de la médisance. (DEVINAT, *Lecture et morale*, page 232. — Larousse, éditeur.)

---

6. — LA CHARITÉ. — LA SOLIDARITÉ

LECTURE

Une personne charitable. — Professeur de piano, Marie Le Coispellier, la neuvième de onze enfants, n'ayant que son métier pour vivre, a trouvé le moyen, dans son active et infatigable charité, de soulager à elle seule plus d'infortunes qu'un millionnaire. Elle visite et soigne les malades. Elle va, comme elle dit, « en journée chez les pauvres », se faisant à la fois leur servante et, ce qui est plus difficile peut-être, leur égale. Marie Le Coispellier balaie la chambre de ses pauvres, elle raccommode leur linge, elle parle avec eux de leur misère en mangeant avec eux le frugal repas qu'elle a payé de son obole. Elle ramasse dans les rues les enfants abandonnés, leur enseigne la morale, réussit à les remettre, ou plutôt à les mettre dans la bonne voie. Elle explore consciencieusement les roulottes des saltimbanques, s'enquiert de leurs besoins, réussit à leur procurer jusqu'à des chevaux pour reprendre la vie vagabonde, immobilisée un moment par la misère.

X...

Questionnaire.

I. Est-il indispensable d'être riche pour pratiquer la charité et la solidarité ?

II. Quelles preuves Marie Le Coispellier donna-t-elle de son amour du prochain ?

III. Connaissez-vous une formule qui résume : 1° les devoirs de charité ; 2° les devoirs de solidarité ?

IV. Qu'arriverait-il si chacun ne pensait qu'à soi ?

RÉSUMÉ (à réciter).

1. — La charité consiste dans l'amour du prochain, dans le désir de se sacrifier à l'occasion pour lui.

2. — Les devoirs de charité sont conseillés par le cœur ; ils n'ont pas de limite et ne sont pas exigibles.

3. — Personne ne peut nous contraindre à être charitables ; et c'est cette liberté de la charité qui en fait la beauté.

4. — La vraie charité est empreinte de générosité, elle nous dit : Faites du bien même à vos ennemis, ne soyez pas égoïstes, entr'aidez-vous, unissez-vous et mettez en pratique cette devise : « Tous pour chacun, chacun pour tous. » Sous cette forme, c'est la solidarité.

Maximes.

I. — La charité est l'amour du genre humain. (CICÉRON.)

II. — Il nous faut faire le bien et laisser quelque chose après nous comme nos devanciers nous ont laissé quelque chose.

Lectures.

I. — Après la bataille. (V. HUGO, *La légende des siècles.*) PROT, *Lecture expliquée*, page 352. — Thorinaud, éditeur.

II. — Les trois jeunes arbres. (BRUNO, *L'adolescent*, page 27. — Belin frères, éditeurs.)

7. — LES DEGRÈS DE LA CHARITÉ. LA BIENVEILLANCE. — LA BIENFAISANCE

LECTURE

Une bienfaitrice. — Mme Geoffrin avait commandé deux vases de marbre au célèbre Bouchardon. Deux ouvriers les lui apportent. Elle s'aperçoit que l'un des couvercles était cassé : « Hélas ! oui, madame, lui dirent les ouvriers, et notre camarade à qui ce malheur est arrivé en est si fâché, qu'il n'a pas osé se présenter devant vous. Il est bien à plaindre; car, si le maître a connaissance de sa maladresse, il le renverra, et c'est un homme qui a une femme et quatre enfants. — Allons, allons, dit Mme Geoffrin, voilà qui est bien ; je n'en parlerai pas, et qu'il soit tranquille. »

Quand les ouvriers sont partis, elle se dit à elle-même : « Ce pauvre homme a eu bien de l'inquiétude et du chagrin ; il faut que je l'envoie consoler. » Elle appelle un de ses gens : « Allez, lui dit-elle, chez M. Bouchardon ; vous demanderez un tel, vous lui donnerez ces douze francs et trois francs à ses camarades qui m'ont si bien parlé de lui. »

DALEMBERT.

Questionnaire.

I. Comment agit Mme Geoffrin? Pourquoi?

II. Appréciez les paroles du camarade de l'ouvrier maladroit.

III. Quelles qualités pouvez-vous attribuer à Mme Geoffrin ?

IV. Nommez différentes façons de se montrer bienveillant et bienfaisant.

RÉSUMÉ (à réciter).

1. — La charité comprend différentes formes dont les principales sont : la bienveillance, la bienfaisance, le dévouement ou sacrifice.

2. — La bienveillance veut le bien d'autrui, le désire : la bienfaisance le pratique.

3. — L'homme bienfaisant soulage le malheureux

par des secours en argent ou en nature (aumône), ou console l'affligé, lui donne des conseils, des encouragements (charité morale).

4. — L'aumône doit se faire aux faibles et aux infirmes: on doit la refuser aux paresseux.

5. — L'assistance par le travail est la meilleure aumône, car elle permet plus facilement au malheureux de sortir de sa triste condition.

Maximes.

I. — Qui donne à propos un bon conseil, un sage avertissement, une instruction utile, donne plus que s'il donnait de l'or. (LAMENNAIS.)

II. — La façon de donner vaut mieux que ce qu'on donne. (CORNEILLE.)

Lectures.

I. — La bonté et la bienveillance. (MÉZIÈRES, *Education morale et instruction civique*, page 107. — Delagrave, édit.)

II. — Un bon conseil, (CAZES, *Lecture, Cours élém.*, p. 217. — Delagrave, éditeur.)

---

8. — LE DÉVOUEMENT OU SACRIFICE

LECTURE

Hubert et Boucly. — Les années 1892 et 1893 ont été marquées par des actes sublimes de dévouement de la part de jeunes instituteurs ; le corps enseignant a le droit d'en être fier.

Au mois de septembre 1892, c'est Ferdinand Hubert, de Sainte-Marie (Seine-Inférieure), qui périt victime de son dévouement en cherchant à sauver, sur la plage de ce bourg, un jeune abbé qui se noyait à quelques mètres de la côte.

Hubert avait déjà sauvé, au cours d'une promenade scolaire, un de ses élèves mordu par une vipère. Méprisant le danger, il avait sucé la plaie et aspiré le poison.

En octobre 1893, c'est Jules Boucly, instituteur-adjoint à Flers-Breucq (Nord), qui trouve la mort en voulant sauver un ouvrier puisatier tombé asphyxié en descendant à son travail dans le puits de l'école de Flers. Méprisant aussi le danger, pour ne songer qu'au devoir, ce brave arrête son directeur qui va se porter au secours du malheureux, disant : « Vous êtes père de famille, c'est à moi de me dévouer. » Asphyxié par les gaz délétères, Boucly tomba au fond du puits, d'où l'on remonta deux cadavres.

De tels dévouements sont bien dignes de notre admiration et la conduite de ces héros obscurs n'est pas moins méritoire que celle de ces braves qui, « face à l'ennemi, se font trouer la poitrine pour la défense du drapeau ».

Questionnaire.

I Résumez par quelques mots chacun des actes de dévouement dont il est parlé dans la lecture.

II. Pourquoi Boucly empêcha-t-il son directeur de se porter au secours du malheureux puisatier ?

III. En quoi consiste le dévouement ? Donnez des exemples historiques.

IV. Ne peut-on se dévouer autrement que par des actes spontanés ? Comment ?

RÉSUMÉ (à réciter).

1. — Le dévouement est la forme la plus élevée de la charité. C'est un sentiment du cœur qui nous porte à sacrifier notre temps, nos biens, notre bonheur, notre vie même pour aider, sauver les autres.

2. — On se dévoue pour sa famille, pour sa patrie, pour l'humanité.

3. — Il faut admirer les dévouements obscurs autant que les actions éclatantes.

4. — Honneur à ceux qui ne discutent pas avec le danger, à ceux qui regardent le devoir en face et l'accomplissent jusqu'au bout, coûte que coûte; ce sont des héros.

Maximes.

I. — Quelque chers que soient votre patrimoine. l'honneur, et la vie, soyez prompts à tout sacrifier au devoir, s'il exige de pareils sacrifices. (Silvio Pellico.)

II. — Mieux vaut mourir pour les autres que vivre pour soi-même.

Lectures.

I. — Jacques le maçon. (BRIZEUX). DEVINAT, *Lecture*, Cours Moyen, page 258. — Larousse, éditeur.
II. — Mort d'un brave. (ABOUT). BOUILLOT, *Le français par les textes*, Cours Moyen, page 309. — Hachette, éditeur.

COMPOSITIONS FRANÇAISES

I. — En quoi consiste la liberté? — A-t-elle toujours existé en France? — Donnez des exemples d'attentats à la liberté d'autrui.

II. — Quelle a été la politique de Henri IV, de Richelieu et de Louis XIV à l'égard des protestants? — Parlez de l'Edit de Nantes, de l'Edit d'Alais et de la révocation de l'Edit de Nantes. — Indiquez les conséquences de ces actes. *(C. E. Nord.)*

III. — Montrez par des exemples précis la différence qu'il y a entre la calomnie et la médisance.

IV. — En quoi consiste la charité? — Diverses façons d'être charitable (Exemples). — Comment une jeune fille (ou un jeune garçon) peut-elle (peut-il) être charitable envers ses camarades? — Parlez du dévouement (Exemples). — Quelle est la maxime qui résume les devoirs de charité? *(C. E. Nord.)*

MOIS DE JUILLET

RÉVISION GÉNÉRALE

OCTOBRE

I. — **La conscience. — La morale. — Le remords.**

Enfant, avant d'agir, consulte ta conscience, elle te dira : « Fais le bien et évite le mal qui amène toujours le remords. »

II. — **La famille.**

Ta famille est ce que tu as de plus cher. Respecte-la, et vénère par-dessus tout ton père et ta mère.

III. — **Devoirs envers les parents : Amour.**

Tu aimeras tes parents en retour de l'affection qu'ils te témoignent, et cet amour filial, comme l'amour paternel et maternel, n'aura pas de limites.

IV. — **Devoirs envers les parents : Respect.**

A l'amour filial, tu ajouteras le respect le plus profond, et tu ne te permettras jamais trop de familiarité avec tes parents.

V. — **Devoirs envers les parents : Obéissance.**

Tes parents étant responsables de tes actes, et leur volonté étant conforme à tes intérêts, tu leur obéiras sans réplique.

VI. — **Devoirs envers les parents : Reconnaissance.**

Enfin ta reconnaissance pour eux sera sans bornes, comme l'ont été leur affection, leurs soins et leurs bienfaits ; leur vieillesse sera l'objet de ta plus grande vénération.

VII. — Devoirs envers les grands-parents et les personnes âgées.

Tes grands-parents te gâtent et sont faibles pour toi : tu n'en abuseras pas ; tu t'efforceras de rendre leurs derniers jours heureux, et tu auras le plus grand respect pour leurs cheveux blancs.

NOVEMBRE

I. — L'amour fraternel.

L'identité du sang et la conformité d'habitudes doivent entretenir entre frères et sœurs ce beau sentiment d'affection réciproque qu'on appelle l'amour fraternel.

II. — Le bon frère à la maison.

A la maison tous doivent chercher à s'obliger, à s'aider et à se faire plaisir. Les taquineries, les querelles et l'égoïsme doivent être évités avec le plus grand soin.

III. — Le bon frère dans les jeux.

Entre frères tout doit être mis en commun. La plus grande harmonie doit régner dans les jeux, et nul ne doit chercher à imposer sa volonté.

IV. — La politesse entre frères et sœurs.

La politesse entre frères et sœurs doit être de tous les instants et il est du devoir des frères d'avoir des attentions particulières pour leurs sœurs ; ils doivent les protéger et leur rendre service en toute circonstance.

V. — Devoirs des aînés et des cadets.

Les aînés ont le devoir impérieux de donner le bon exemple aux cadets, de les protéger et de veiller sur eux ; en retour les cadets doivent obéir à leurs aînés et suivre leurs conseils.

VI. — Les Orphelins.

Si par malheur la mort fait disparaître les parents, le rôle des aînés est de les remplacer en toutes choses; celui des cadets est de ne rien faire qui puisse décourager les aînés.

VII. — **L'esprit de famille.**

Quand l'union est parfaite entre frères et sœurs, que chacun travaille pour le bien-être et l'honneur de tous, on dit que les frères et sœurs sont animés de l'esprit de famille.

VIII. — **Maîtres et serviteurs.**

Les serviteurs ou domestiques, qui font en réalité partie de la famille, doivent être traités avec justice et bienveillance. Les enfants doivent les respecter et ne jamais rien leur commander.

DÉCEMBRE

I. — **L'école autrefois et aujourd'hui.**

L'école est une seconde famille pour l'enfant. De nos jours, tout a été fait pour rendre son séjour agréable et faciliter l'enseignement qui y est donné.

II. — **Instruction et éducation.**

L'école doit atteindre deux buts : une instruction suffisante pour tous et une bonne éducation. Pour répondre aux vues de mes parents et de l'Etat, je m'appliquerai à l'étude pour acquérir une bonne instruction et je suivrai les conseils de mes maîtres pour avoir une bonne éducation.

III. — **Assiduité et exactitude.**

L'instruction des enfants ne sera solide que par une rigoureuse exactitude et une assiduité constante. Le bon écolier ne connaît pas l'école buissonnière.

IV. — **Le travail de l'écolier.**

En classe, l'élève doit s'appliquer courageusement à l'étude, écouter attentivement le maître et faire en conscience sa tâche d'écolier.

V. — **Devoirs envers l'instituteur.**

Son obéissance, sa docilité et son respect seront

sans bornes pour le maître qui l'instruit et qui est pour lui, comme un second père.

VI. — Devoirs envers les camarades.

Enfin l'écolier considérera ses camarades comme des frères, cherchera toujours à leur faire plaisir, à les aider dans leur travail sans favoriser leur paresse; il évitera la délation et aura la franchise d'avouer sa faute.

VII. — Après l'école.

Le temps de scolarité passé, il aura à cœur de fréquenter les cours d'adultes, d'assister aux conférences et de faire partie de l'Association des anciens élèves de l'école ainsi que de la Société de tir.

VIII. — L'école et la République.

En agissant ainsi, le bon élève se montrera un digne fils de la France et s'acquittera déjà en partie de ses devoirs envers la Patrie et la République.

JANVIER

I. — La Patrie; ce qui la constitue.

La Patrie, c'est cette belle terre de France que nos ancêtres nous ont laissée en héritage. Ce qui la constitue c'est surtout la communauté de langue et de sentiments qui unit ses enfants.

II. — Bienfaits de la Patrie.

Comme une bonne mère, la Patrie nous comble d'innombrables bienfaits et nous protège contre les malfaiteurs et les ennemis du dehors.

III. — La France et ses grandeurs.

Son agriculture, son industrie et son commerce la rendent riche et prospère ; ses hommes illustres, ses savants l'ont faite immortelle ; et les sacrifices qu'elle s'est imposés de tout temps pour les nations opprimées en ont fait le champion de la justice.

IV. — Les malheurs de la France.

Malheureusement la France n'a pas toujours su résister à l'ambition de ses monarques. Leurs intrigues ou leur incapacité l'ont conduite aux pires aventures et aux guerres civiles. Mais l'énergie de ses enfants l'a toujours sauvée et aujourd'hui encore elle occupe un des premiers rangs dans le concert européen.

V. — Patriotisme et Chauvinisme.

Ceux qui ne rêvent pour leur pays que batailles et conquêtes ne sont que des chauvins aveuglés par un patriotisme irraisonné. Qui aime bien son pays désire pour lui la paix dans le travail et la prospérité dans le progrès.

VI. — La Marseillaise.

Le chant national français, comme le drapeau tricolore, a droit à notre respect. N'oublions pas que c'est notre sublime Marseillaise qui sauva la France en 1793 en remplissant nos soldats d'enthousiasme et de bravoure.

VII. — Le Drapeau.

Notre fier étendard aux trois couleurs, c'est ce drapeau qui a fait le tour du monde, portant dans ses plis glorieux le nom, la gloire et la liberté de la Patrie. Tout Français, digne de ce nom, doit l'aimer, le vénérer ; tout soldat doit le défendre jusqu'à la mort.

FÉVRIER

I. — Respect de soi-même.

L'homme étant supérieur à tous les êtres animés, il est de son devoir de tenir son corps dans un état de grande propreté et de lui donner toute la force, toute l'énergie possible, pour son bien et celui de la société.

II. — Hygiène : Conservation de la vie ; propreté.

Se soustraire par le suicide aux exigences et aux misères de la vie est une lâcheté. Méconnaître les règles de l'hygiène et vivre dans la malpropreté est une indignité. Je tâcherai de conserver la santé en observant tout ce que l'hygiène commande.

III. — Les exercices physiques.

Le corps, pour se bien porter, a besoin de mouvement. Je fortifierai mes membres par le jeu, la marche, la course et autres exercices physiques, en rapport avec mon âge et ma puissance de résistance.

IV. — La tempérance. — La gourmandise.

Les excès de table alourdissent le corps et l'esprit et prédisposent aux maladies. Je serai tempérant en mangeant et buvant modérément et en mettant une limite raisonnable aux plaisirs de toutes sortes.

V. — L'ivrognerie.

L'ivrognerie, ou l'habitude de s'enivrer, est un excès honteux. Toute personne qui se respecte évite l'état dégradant de celui qui boit au point de perdre la raison et de ne plus savoir se guider. J'éviterai avec le plus grand soin de prendre l'habitude des boissons alcooliques.

VI. — L'alcoolisme.

L'abus des liqueurs fortes et l'habitude de s'enivrer engendrent toujours une maladie grave, l'alcoolisme. L'alcoolisme vicie le sang, ruine la santé et conduit souvent à la folie ou au crime. Pour éviter plus tard l'alcoolisme, je ne boirai jamais de liqueurs fortes.

VII. — Les boissons.

L'eau est la meilleure boisson pour conserver la santé. Toutefois, le vin coupé d'eau, la bière et le cidre, pris modérément aux heures des repas, ne nuisent pas à la santé : c'est l'abus qu'il faut éviter.

VIII. — Le tabac.

L'usage du tabac est aussi très préjudiciable à la santé. Je m'abstiendrai de fumer, surtout dans ma jeunesse afin de ne pas subir les mauvais effets du poison que contient le tabac : la nicotine. Les enfants qui fument sont pris pour des sots et non pour des hommes.

MARS

I. — Les biens extérieurs.

Les biens extérieurs assurent l'existence et contribuent au bien-être. J'acquerrai le plus de biens possible, mais toujours par des moyens honnêtes. Si j'ai de la richesse, je n'en jouirai pas en égoïste ; j'en emploierai une partie à soulager les infortunes et à encourager les entreprises utiles.

II. — Le travail.

Le travail, outre qu'il nous procure les biens extérieurs et l'indépendance, nous protège contre l'ennui, le vice et la maladie. Tout travailleur, qu'il soit ouvrier, patron ou employé, est honoré et respecté. Je ne veux pas être un oisif, qui est un être méprisable, inutile à lui-même et à la société.

III. — L'économie.

L'économie consiste à ne pas dépenser tout ce que l'on gagne, en réglant avec ordre l'emploi de son argent. Je prendrai soin de mes vêtements, je ne ferai pas de dépenses inutiles, afin de pouvoir économiser l'argent que j'aurai en trop.

IV. — L'ordre.

L'ordre ménage le temps et conserve les choses ; c'est donc un auxiliaire précieux de l'économie. J'aurai de l'ordre dans mes affaires ; je réserverai une place pour chaque chose et je mettrai chaque chose à sa place pour trouver de suite ce que je désire.

V. — La prévoyance. — L'épargne.

L'épargne est la conservation de nos économies. Je placerai à la caisse d'épargne l'argent économisé, afin de pouvoir subvenir à mes besoins en cas d'accident ou de maladie ; de plus je serai prévoyant en faisant partie d'une mutualité qui m'assurera une retraite pour ma vieillesse.

VI. — La prodigalité. — Le jeu.

Le prodigue, le dissipateur, le joueur dépensent follement leur argent sans nécessité. Ils arrivent fatalement à la ruine, à la misère. Si je dispose d'une fortune, je ne ferai pas de dépenses inutiles, je penserai plutôt aux malheureux et aux œuvres de bienfaisance de toute nature.

VII. — Les dettes.

Les dettes humilient et enlèvent toute indépendance en mettant le débiteur à la merci du créancier. Je ne dépenserai pas plus que je ne dois, afin de conserver ma liberté et de pouvoir marcher la tête haute en me disant que je ne dois rien à personne.

VIII. — L'avarice. — La cupidité.

L'argent est un bon serviteur et un mauvais maître; ce qui revient à dire qu'on doit savoir l'employer judicieusement au lieu de se laisser dominer par lui. L'avare et le cupide sont esclaves de l'or. Je tâcherai de gagner le plus possible sans être cupide ; j'économiserai tout ce que je pourrai sans être avare.

AVRIL

I. — L'homme moral : Dignité personnelle.

Le premier devoir envers notre personne morale, c'est d'avoir de la dignité, de la fierté. Je me conduirai toujours de façon à ne pas rougir d'aucune action qui m'avilirait et me ferait perdre l'estime de moi-même.

II. — L'ignorance. — La paresse.

Comme la paresse est la mère de tous les vices, il est impossible au paresseux d'avoir de la dignité personnelle. De plus la paresse nous empêche de développer notre intelligence par l'instruction. Je travaillerai avec ardeur pour ne pas rester ignorant.

III. — Le mensonge.

Le mensonge dégrade et avilit l'homme à ses

propres yeux comme aux yeux de ses semblables. Je veux jouir de l'estime et de la confiance de tous ; je serai donc franc, sincère, même si la vérité doit me porter préjudice.

IV. — Silence et discrétion.

Nous ne sommes pas obligés de dire tout ce que nous pensons ; mais nous devons penser tout ce que nous disons. Je serai discret, je garderai le silence sur les secrets qui me seront confiés ; je ne dénoncerai personne, sauf pour empêcher de laisser condamner un innocent.

V. — Respect de la parole donnée.

Ne promettons que ce que nous sommes décidés à tenir. Quand nous avons donné notre parole, l'honneur exige que nous la tenions. Celui qui jure d'exécuter une promesse et qui ne tient pas sa parole est un parjure. J'aurai toujours le courage de faire ce que j'aurai promis.

VI. — La fierté. — L'orgueil.

L'orgueilleux exagère ses mérites et se croit supérieur à tous les autres. Je saurai reconnaître les qualités et les talents de mes semblables au lieu de parler toujours des miens.

VII. — La modestie. — L'humilité.

Le vrai mérite se cache comme l'humble violette qui ne se trahit que par son parfum. Laissons donc aux autres le soin de découvrir nos talents et soyons modestes dans le succès.

VIII. — L'hypocrisie. — La flatterie.

Rien n'est bas, rien n'est vil comme la flatterie et l'hypocrisie. Tout flatteur est un menteur ; tout hypocrite est un trompeur. Je n'écouterai pas les flatteurs et je me défierai des hypocrites. Je resterai digne et je ne ramperai pas en flattant.

MAI

I. — Le courage.

On peut se montrer courageux dans la vie civile

comme dans la vie militaire. Le soldat qui affronte la mort pour la défense de son pays, qui se soumet volontiers à toutes les exigences de la discipline militaire fait preuve de courage militaire. L'enfant qui travaille bien à l'école, l'homme qui supporte avec fermeté le malheur et la souffrance et se dévoue pour secourir son semblable dans le danger, font preuve de courage civil.

II. — Esprit d'initiative. — Constance.

L'esprit d'initiative, qui nous fait rechercher les moyens les plus ingénieux pour l'exécution d'un travail, et la constance qui nous donne la patience et la force de triompher des difficultés, sont les deux principaux facteurs du progrès.

III. — Patience. — Modération.

La patience est la sœur inséparable de la constance. C'est elle qui nous apprend à nous modérer en tout. Je m'efforcerai d'être patient dans mon travail, dans mes divertissements, dans mes rapports avec mes camarades.

IV. — La colère.

La colère ressemble à un torrent impétueux qui sort de son lit et qui ne connaît plus de bornes. Je ne me laisserai pas dominer par la colère, afin de ne pas regretter les actes violents et parfois irréparables qu'elle me ferait commettre.

V. — La haine. — L'envie. — La jalousie.

La haine, l'envie et la jalousie ne peuvent séjourner que dans les mauvais cœurs. Ce sont trois compagnes que nous ne devons pas fréquenter, sous peine de nous salir à leur contact. Repoussons-les donc énergiquement dès qu'elles se présentent à notre esprit.

VI. — Devoirs envers les animaux. — Loi Grammont.

La bonté naturelle qu'on éprouve pour autrui doit

s'étendre à tous les animaux domestiques. Je les traiterai avec douceur, comme de bons serviteurs, et je me garderai d'être cruel envers eux.

VII. — La société.

Nous ne sommes pas nés pour vivre isolés. Nous devons apporter dans nos rapports avec nos semblables un esprit de tolérance, de justice, de bienveillance et de charité qui doit aller jusqu'au dévouement ; c'est à cette condition que la société peut vivre dans la paix et le bonheur.

VIII. — Devoirs spéciaux. — Devoirs professionnels.

Chaque profession a ses devoirs spéciaux. Je tâcherai d'exercer mon métier consciencieusement et d'accepter sans murmurer toutes les obligations qu'il comporte.

JUIN

I. — Respect de la vie d'autrui.

La vie est le plus précieux des biens. J'éviterai tout ce qui peut nuire à la vie de mes semblables, actes de brutalité, blessures, etc. Je ne me permettrai de porter des coups que lorsque je serai obligé de me défendre.

II. — Respect de la liberté.

Après la vie, la liberté est le bien le plus précieux que l'homme peut posséder. Je respecterai la liberté des autres, comme je veux qu'on respecte la mienne.

III. — Respect de la propriété.

Chacun a le droit d'acquérir, de conserver et de transmettre des biens; c'est ce qu'on nomme le droit de propriété. Je ne me permettrai jamais de prendre ce qui ne m'appartient pas. Le voleur est souvent doublé d'un paresseux.

IV. — Respect des croyances et des opinions.

Les autres sont libres d'avoir des opinions et des croyances contraires aux miennes ; c'est ce qu'on appelle la liberté de conscience. Nos pères ont lutté pendant des siècles pour l'obtenir. Nous devons toujours la respecter chez les autres et nous devons la défendre chez nous contre ceux qui voudraient y porter atteinte.

V. — Respect de l'honneur. — La calomnie. — La médisance.

L'honneur est une propriété morale inestimable; il est difficile de le reconquérir lorsqu'on l'a perdu. Je tiens beaucoup à ma réputation, à mon honneur ; aussi je me garderai bien de nuire à celui des autres en les calomniant.

VI. — La charité. — La solidarité.

Etre charitable, c'est aider son semblable par ses conseils, ses encouragements, ses consolations aussi bien que par ses dons. La solidarité n'est pas autre chose que l'assistance mutuelle qui assure le bonheur social.

VII. — La bienfaisance. — La bienveillance.

La bienfaisance est sœur de la charité. Elle consiste à faire du bien à autrui. Elle a pour principal moteur la bienveillance qui vient de l'affection et des bonnes dispositions qu'on a pour les autres. Je tâcherai de faire tout le bien possible autour de moi et je serai bienveillant envers tout le monde.

VIII. — Dévouement et sacrifice.

Le dévouement est la forme la plus élevée de la charité, qui va jusqu'au sacrifice. C'est une générosité du cœur qui nous porte à nous oublier nous-mêmes en secourant les autres. Je saurai, quand l'occasion s'en présentera, sacrifier mon temps, mes intérêts, ma santé et ma vi

DEUXIÈME PARTIE

INSTRUCTION CIVIQUE

MOIS D'OCTOBRE

L'ÉTAT. — LES GOUVERNEMENTS. LA FRANCE AUTREFOIS ET AUJOURD'HUI

1. — IDÉE DE L'ÉTAT

LECTURE

L'État. — M. Laplace venait de donner une composition d'instruction civique. A la récréation, l'élève André Petit, causant bruyamment avec quelques-uns de ses camarades, s'efforçait de leur expliquer l'une des questions posées : ce que c'est qu'un Etat.

L'idée qu'il en donnait était fausse et son maître, qui l'avait entendu, lui dit : « Mon ami, je te félicite de vouloir renseigner tes compagnons de classe ; mais je te dirai que tu te trompes en voulant leur définir ce que c'est que l'Etat : à ton tour écoute-moi pour bien comprendre.

Je t'ai dit un jour, en te parlant de nos ancêtres les Gaulois, qu'ils vivaient par peuplades isolées, sans lois et sans discipline, ce qui permit à César de les vaincre facilement : ils ne formaient point un Etat. Mais si ces peuplades, par trop souvent rivales, s'étaient dit un jour : « Au lieu de nous combattre, unissons-nous contre nos ennemis, établissons en commun des règles de justice, des lois que chacun observera sous peine de jugement et de châtiment ; en agissant ainsi nos ancêtres eussent formé un Etat.

Un Etat, comme tu le vois, est donc une grande réunion d'hommes qui sont convenus de se protéger mutuellement et de vivre sous des lois communes.

Le mot Etat est synonyme de nation et lorsqu'on parle des Etats européens, on désigne par là les diverses nations de l'Europe, comme la Russie, l'Allemagne, l'Angleterre, la France notre patrie, etc. ».

Questionnaire.

I. Quel était le motif de la conversation animée de l'élève André Petit avec ses camarades ?

II. Pourquoi nos ancêtres les Gaulois ne formaient-ils pas un Etat ?

III. Qu'y a-t-il d'indispensable à un peuple pour qu'il forme un Etat ?

IV. Donnez, en vous appuyant sur la lecture de votre livre, la définition d'un Etat.

RÉSUMÉ (à réciter).

1. — Nos premiers ancêtres vivaient isolés. Ils n'étaient pas heureux, se battaient souvent entre eux et ne jouissaient d'aucune sécurité.

2. — La famille était la seule société. Son chef la défendait contre la rapacité des autres familles.

3. — La réunion de plusieurs familles amies forma une tribu.

4. — La réunion de plusieurs tribus sous l'autorité d'un même chef s'appela un peuple.

5. — Quand un peuple est organisé, a des lois communes, un seul gouvernement, il prend le nom d'Etat.

6. — L'Etat est donc une autorité que tous acceptent, c'est l'ensemble des pouvoirs publics, pouvoirs émanant de la volonté de tous les citoyens. — L'Etat est personnifié par le Gouvernement.

Réflexion.

L'union dans la famille est l'image de l'unité nationale qui fait la force d'un peuple.

Lecture.

La société primitive. (MABILLEAU.) PROT, *Lecture expliquée*, page 13. — Thorinaud, éditeur.

---

2. — CONSTITUTION. — GOUVERNEMENT. DIFFÉRENTES FORMES DE GOUVERNEMENT

LECTURE

Le régime républicain ne convient qu'à une nation honnête. — Dans l'antiquité, le peuple romain était libre. Peu nombreux, il réglait lui-même sur le Forum les affaires publiques.

Tant qu'il pratiqua les vertus républicaines, Rome fut prospère et répandit la civilisation dans le monde.

Corrompu par les richesses tirées des pays vaincus, le peuple romain n'eut plus l'énergie nécessaire pour se gouverner lui-même. Il s'abandonna au pouvoir personnel.

Les intrigants, pour arriver aux honneurs, exploitaient l'immoralité des citoyens. L'histoire nous raconte que lorsque l'un d'eux, qui connaissait bien la dépravation des mœurs, voulut se faire élire empereur, il demanda aux électeurs ce qu'ils désiraient en récompense de leurs suffrages. Ils répondirent à grands cris « Du pain et les jeux du cirque. »

Ce qui voulait dire que ce peuple, ayant perdu les qualités viriles de ses ancêtres, ne demandait plus qu'à manger et à s'amuser. Il fut bientôt asservi et dépouillé par les barbares.

Enfant, faites-vous une autre idée de la République. Le régime républicain ne convient qu'à une nation honnête.

Efforcez-vous de devenir un honnête homme si vous voulez être un bon républicain. CAZES.

Instruction morale et civique. — Delagrave, éditeur.

Questionnaire.

I. Qu'entendez-vous par pouvoir personnel? Pourquoi le peuple romain s'y abandonna-t-il?

II. Montrez, par un exemple pris dans la lecture, jusqu'où allait la dépravation des mœurs romaines.

III. Quelles furent les conséquences de l'avilissement du peuple romain?

IV. Pourquoi le régime républicain ne convient-il qu'à une nation honnête?

RÉSUMÉ (à réciter).

1. — Un Etat, comme une école, a un règlement et des hommes chargés de le faire observer.

2. — Le règlement d'un Etat s'appelle Constitution. C'est l'ensemble des lois fondamentales qui constituent le gouvernement d'un peuple. Ces lois déterminent les droits et les devoirs des citoyens.

3. — Le gouvernement comprend trois pouvoirs distincts chargés de faire respecter la Constitution et d'assurer l'ordre dans le pays.

4. — Le gouvernement d'un Etat peut être une République ou une Monarchie.

5. — La Monarchie est le gouvernement d'un seul homme (roi ou empereur) dont le pouvoir est héréditaire. Si ce pouvoir est réglé par une Constitution, c'est une Monarchie constitutionnelle; si l'autorité s'exerce d'une façon absolue et sans limite, c'est une Monarchie absolue.

6. — La République est le gouvernement d'un peuple par lui-même, à l'aide des députés et des sénateurs qu'il a élus. C'est le meilleur gouvernement, c'est celui de la France. Les pouvoirs n'étant pas héréditaires, les électeurs peuvent toujours choisir les hommes les plus dignes et les plus capables de gouverner.

Réflexion.

Le premier devoir du citoyen est de respecter la Constitution.

Lecture.

Le gouvernement républicain. PROT, *Lecture expliquée*, page 45. — Thorinaud, éditeur.)

3. — LA LIBERTÉ. — L'ÉGALITÉ. LA FRATERNITÉ

LECTURE

Exemples de fraternité. — Deux chevaux attelés à une voiture de maître s'étaient emportés ; ils descendaient la côte d'Heumont à toute bride et allaient précipiter dans un ravin la jeune propriétaire du château, qui poussait des cris de frayeur en serrant dans ses bras ses deux petits enfants. Michel, le journalier, qui sortait de son travail, la bêche sur l'épaule, vit venir la voiture, entendit les cris et, sans hésiter, se jeta à la tête des chevaux, qui l'entraînèrent pendant une centaine de pas en le meurtrissant, mais qu'il réussit enfin à arrêter. Il avait exposé sa vie pour sauver la vie de plusieurs créatures humaines. Voilà un noble exemple de fraternité. C'était un pauvre, il avait besoin de ses deux bras pour élever ses enfants et nourrir sa famille ; il ne devait rien à la jeune femme qu'il venait d'arracher à la mort, qui ne connaissait peut-être même pas son nom, et cependant il n'avait pas eu une minute d'hésitation. Son cœur avait parlé plus haut que l'instinct de la conservation et l'intérêt personnel.

Quelques années plus tard, un enfant de Michel tomba malade. Ce fut le tour de la châtelaine, de la belle et riche Mme Martin, de montrer qu'elle aussi comprenait le sentiment tout-puissant de la fraternité. Quoique la maladie fût contagieuse, elle s'installa au chevet de l'enfant et ne le quitta qu'après l'avoir guéri. Voilà comment la fraternité du riche répond à la fraternité du pauvre. MÉZIÈRES.

Éducation morale et instruction civique. — Delagrave, éditeur.

Questionnaire.

I. Michel n'eût-il pas dû hésiter avant de risquer sa vie, et pourquoi ?

II. Quel sentiment le poussa à se jeter à la tête des chevaux ?

III. Eût-il à regretter plus tard son acte de courage ? Pourquoi non ?

IV. Quelle leçon cette lecture donne-t-elle à tous, riches ou pauvres ?

RÉSUMÉ (à réciter).

1. — Avant la Révolution personne ne jouissait de la Liberté ; les monstrueuses lettres de cachet permettaient d'arrêter et d'emprisonner un homme, même s'il était innocent.

2. — On ne pouvait pas faire le travail qu'on voulait ; les corporations empêchaient le commerce et l'industrie.

3. — Il fallait être de la même religion que le roi sous peine d'être persécuté.

4. — Avant la Révolution la France était une monarchie absolue héréditaire.

5. — Les Français étaient les sujets du roi, qui était propriétaire de leur personne et de leurs biens.

6. — Le peuple payait des impôts écrasants; la justice n'était pas égale pour tous. Seuls les nobles pouvaient devenir officiers, juges, évêques, etc.

7. — Quand les riches sont heureux pendant que le peuple souffre : quand la société repose sur l'inégalité et l'injustice, c'est que les hommes des différentes classes ne s'aiment pas. La Fraternité n'existait donc pas avant 1789.

Réflexion.

La fraternité est fille de la bonté et de l'amour du prochain.

Lecture.

Liberté — Egalité — Fraternité. (JEAN-AICARD. — *Poésies.*) « *Journal Le Nord sténographique.* »

---

4. — LA RÉVOLUTION FRANÇAISE. LA NATION. — LE CITOYEN FRANÇAIS

LECTURE

La nuit du 4 août 1789. — C'était le 4 août 1789, à huit heures du soir, heure solennelle où la féodalité, au bout d'un règne de mille ans, abdiqua et disparut.

Un député breton monte à la tribune : « Qu'on nous apporte ici, dit-il, ces titres qui outragent l'humanité ; qu'on nous apporte ces actes iniques qui ravalent l'homme à la bête en exigeant que les hommes soient attelés à une charrette comme les animaux de labourage ; qu'on nous apporte ces parchemins qui obligent les hommes à passer les nuits à battre les étangs, pour empêcher les grenouilles de troubler le sommeil de leurs voluptueux seigneurs ! Qu'on nous les apporte ces titres, monuments de la barbarie de nos pères ! Qui de nous ne ferait un bûcher expiatoire de ces infâmes parchemins ?... »

L'impression fut profonde... L'attendrissement, l'exaltation montèrent, de proche en proche, à un point extraordinaire. On vota d'enthousiasme l'abolition de toutes les corvées seigneuriales et autres servitudes personnelles... Puis ce fut le tour des provinces, des villes ; leurs députés vinrent en foule déposer leurs privilèges sur l'autel de la Patrie...

La nuit était avancée. Il était deux heures. Elle emportait, cette nuit, l'immense et pénible songe des mille ans du moyen âge. L'aube qui commença bientôt était celle de la liberté.

Depuis cette merveilleuse nuit, plus de classes, des Français ; plus de provinces, une nation ; plus d'esclaves, des citoyens.

Vive la France !

MICHELET.

Questionnaire.

I. Comment comprenez-vous que la Féodalité ait eu un règne de mille ans et n'ait disparu qu'en 1789 ?

II. Connaissez-vous quelques privilèges dont jouissaient les seigneurs et certaines corvées imposées aux paysans ?

III. Qu'entendez-vous par l'aube de la liberté ?

IV. Que veut dire l'auteur dans cette phrase : Depuis cette merveilleuse nuit, plus de classes, des Français, plus de provinces, une nation, plus d'esclaves, des citoyens ?

RÉSUMÉ (à réciter).

1. — En 1789, le peuple français, fatigué de souffrir, a voulu changer la forme du gouvernement, la Consti-

tution de la France. Pour y arriver, il a dû faire une Révolution.

2. — C'est cette Révolution qui a fait de notre pays une nation en unissant tous les Français pour la défense des institutions qu'ils voulaient se donner.

3. — La grande Révolution française a établi la liberté, l'égalité et la fraternité. Ces trois mots sont devenus la devise républicaine.

4. — Dans les temps anciens les Français étaient des esclaves; pendant la Féodalité ils furent des serfs ; sous les rois absolus ils étaient des sujets ; ils sont maintenant des citoyens grâce à la Révolution qui a établi la première république.

5. — Un citoyen est l'habitant d'un pays libre. Les citoyens nomment leurs représentants et contrôlent leurs actes.

6. — Pour jouir de ses droits de citoyen, il ne suffit pas d'habiter la France, il faut encore être né Français ou le devenir en se faisant naturaliser; être majeur, c'est-à-dire avoir 21 ans et ne pas avoir été en prison pour des condamnations afflictives ou infamantes.

Réflexion.

La Révolution c'est l'avènement de la loi, la résurrection du droit, le règne de la justice. (MICHELET.)

Lecture.

Les paysans avant la Révolution (ERCKMANN-CHATRIAN.) PROT, *Lecture expliquée*, page 178. — Thorinaud, éditeur.

COMPOSITIONS FRANÇAISES

I. — Quelles sont les conditions que doit réunir un peuple pour former un Etat? — Y a-t-il toujours eu des Etats? — Depuis quelle époque la France est-elle véritablement un Etat?

II. — Quelle est la forme du gouvernement que vous préférez et quelles sont les raisons de votre préférence ?

III. — Expliquez en quelques mots chacun des termes qui composent la devise républicaine : Liberté, égalité, fraternité que l'on voit sur les édifices nationaux.

IV. — Quelles différences faites-vous entre un citoyen et un sujet ? — A qui les Français doivent-ils le beau titre de citoyens ?

MOIS DE NOVEMBRE

LES DROITS DU CITOYEN FRANÇAIS

1. — Les droits du citoyen : Droits civils ; droits politiques.
2. — Droits civils : liberté, égalité, propriété.
3. — Droits politiques. — Souveraineté nationale : Suffrage universel.
4. — Les listes électorales. — L'élection.
Révision mensuelle.

1. — LES DROITS DU CITOYEN FRANÇAIS

LECTURE

Une bonne leçon. — « Où allez-vous ainsi endimanché, père Landry, disait le forgeron Dupont à son voisin, qu'il voyait partir soucieux, est-ce qu'il y a du nouveau ?

— Eh oui, il y a du nouveau, je vais payer mes contributions, et elles ont encore bien augmenté cette année, notre maudit gouvernement nous ruinera ; je voudrais habiter tout autre pays !

— Vous n'êtes guère patriote, père Landry, répondit Dupont, croyez-vous que cela aille mieux ailleurs? Les autres pays ont aussi leurs charges et, comme le nôtre, font payer l'impôt; de plus leurs habitants sont loin de jouir des mêmes avantages que nous autres Français.

Si vous habitiez certains Etats de l'Europe et que vous vous récriiez en public contre leur gouvernement, vous seriez vite inquiété car la liberté y est très limitée.

— S'il n'y avait que cela, ce serait bien peu de chose, et je me tairais.

— C'est déjà beaucoup, père Landry, et si l'on vous

disait : vous ne voterez plus lorsqu'il y aura élection, ou si vous votez, vous n'aurez droit qu'à une voix, tandis que M. de Beaurevoir, le châtelain, aura droit à quatre ou cinq, que diriez-vous ?

— Je dirais que c'est injuste.

— Et vous auriez raison, père Landry. Eh bien, à ce suffrage restreint notre pays répond par le suffrage universel égal pour tous. De plus, la Révolution française a déclaré chaque citoyen admissible à toutes les dignités, places et emplois publics, selon ses capacités et sans autre distinction que celle de ses vertus et de ses talents : qu'y a-t-il de mieux ?

— C'est parfait, Dupont, tu es un bon raisonneur, désormais je payerai l'impôt sans récriminer et, pour mieux discerner les choses publiques, je viendrai plus souvent faire la causette à ta forge. »

Questionnaire.

I. Le père Landry avait-il raison d'exprimer le désir d'habiter un autre pays ? Pourquoi non ?

II. Dupont eut-il de la peine à lui prouver qu'il avait tort ? Comment s'y prit-il ?

III. Que fallait-il avant la Révolution pour arriver aux dignités, places et emplois publics ? — Que faut-il maintenant ?

IV. Connaissez-vous les principaux droits accordés aux citoyens français ?

RÉSUMÉ (à réciter).

1. — Les droits du citoyen ont été définis dans la Déclaration des droits de l'homme et du citoyen (26 août 1789) et sont garantis par la Constitution.

2. — Ces droits se divisent en deux catégories : 1° Les droits civils, qui concernent l'individu considéré comme être humain, comprennent la liberté, l'égalité, le droit de propriété ; 2° Les droits politiques, qui regardent l'homme comme citoyen, comprennent le droit d'être électeur et d'être éligible.

3. — Certaines condamnations font perdre les droits politiques et quelquefois même les droits civils.

Réflexion.

Tout droit impose un devoir, comme tout devoir confère un droit ; ainsi : Le droit à la liberté impose le devoir de respecter celle d'autrui.

Lecture.

La Déclaration des droits de l'homme et du citoyen. (D'après L. A.) Voir PROT, *Lecture expliquée*, page 389. — Thorinaud, éditeur.

---

2. — DROITS CIVILS : LIBERTÉ, ÉGALITÉ, PROPRIÉTÉ

LECTURE

L'origine de la propriété. — Jean Lapin s'était levé de bon matin. Il avait quitté son gîte pour aller s'ébattre « parmi le thym et la rosée ». Pendant que Jean Lapin s'amusait loin de sa demeure, dame Belette qui est « une rusée », en profita pour prendre possession du terrier resté vide.

Qui est bien étonné en revenant au gîte? C'est Jean Lapin.

La belette avait mis le nez à la fenêtre.
« O dieux hospitaliers, que vois-je ici paraître,
Dit l'animal chassé du paternel logis.
Holà ! madame la belette,
Que l'on déloge sans trompette,
Ou je vais ameuter tous les rats du pays. »

Jean Lapin, en d'autres termes, songe à aller quérir les gendarmes pour se faire rendre sa maison, qui est sa propriété et que son père possédait avant lui.

Mais dame Belette était une raisonneuse, aussi se refusa-t-elle à rendre son gîte à Jean Lapin.

« Je voudrais bien voir, dit-elle, quelle loi
En a pour toujours fait l'octroi
A Jean, fils ou neveu de Pierre ou de Guillaume,
Plutôt qu'à Paul, plutôt qu'à moi. »

Mais Jean Lapin, qui a fait son droit et qui connaît le Code, ne manque pas non plus d'arguments :

Jean Lapin allégua la coutume et l'usage.
« Ce sont, dit-il, les lois qui m'ont de ce logis
Rendu maître et seigneur, et qui, de père en fils,
L'ont de Pierre à Simon, puis à moi, Jean, transmis. »

Jean Lapin avait raison. Tout ce que nos parents nous ont transmis par héritage, tout ce que nous avons acquis par notre travail nous appartient légitimement. Personne n'a le droit de nous l'enlever, et les lois nous en garantissent la possession.

COMPAYRÉ.

Éléments d'éducation morale et civique. — Delaplane, éditeur.

Questionnaire.

I. Pourquoi dame Belette prit-elle possession du logis de Jean Lapin?

II. A son retour que fit Jean Lapin en voyant son terrier occupé?

III. Dame Belette n'avait-elle pas le droit de rester dans le gîte qu'elle avait trouvé vide?

IV. Qu'entendez-vous par droit de propriété?

RÉSUMÉ (à réciter).

1. — La liberté consiste à pouvoir faire ce qui ne nuit pas à autrui. Tous les citoyens français sont libres dans leur pensée, leur parole, leurs écrits, leurs actes, leur travail ; d'où diverses applications de la liberté : la liberté individuelle, la liberté de conscience et des cultes, la liberté de la presse, la liberté du travail et d'association.

2. — Tous les citoyens français jouissent de l'égalité civile ; ils sont égaux devant la loi et peuvent arriver aux mêmes dignités.

3. — Le droit de propriété consiste à pouvoir faire l'usage que l'on veut de ses biens, de ses revenus, du produit de son travail. C'est un droit inviolable et sacré, nul ne peut en être privé.

Réflexion.

Il ne serait pas juste d'enlever à l'homme courageux les biens qu'il a acquis par son travail pour les donner au paresseux.

Lecture.

Le droit de propriété : Histoire d'un sauvage. (BRUNO, *Francinet*, page 105. — Belin frères, éditeurs.)

---

3. — DROITS POLITIQUES : SOUVERAINETÉ NATIONALE; SUFFRAGE UNIVERSEL.

LECTURE

Le vote doit être désintéressé et libre. — Au moment où les enfants de Marcel, Louis et Robert, rentraient à la maison, leur père se trouvait avec un des habitants du bourg; il lui parlait avec une émotion contenue.

Quand le visiteur fut sorti, Marcel dit à ses enfants: « On vient de me proposer un appui très sûr et très puissant pour obtenir une bourse à Saint-Cyr pour Louis. C'est l'appui d'un des deux candidats à la députation, celui dont les opinions sont contraires aux miennes, M. Létaing. On vient de me dire : « M. Létaing est un homme puissant auprès du ministre de la guerre, il est un peu son parent, il peut beaucoup pour faire obtenir à votre fils la bourse que vous désirez ? Ne serait-il pas habile à vous d'user de votre influence, qui est grande ici, pour faire réussir M. Létaing ? Il s'en souviendra. » Voilà comment cet homme m'a parlé. Et maintenant, Louis, que faut-il faire ?

Lucie et Robert regardèrent Louis, la première avec une sorte de calme, comme si elle savait d'avance ce que Louis allait répondre, et le second avec la curiosité d'un enfant.

Louis fit un geste d'indignation :

— Ah ! mon père, dit-il; je sais bien que vous ne voterez jamais contre votre conscience. Croyez-vous que votre fils ait oublié vos propres leçons. Je renoncerais à Saint-Cyr plutôt que d'y entrer grâce à une lâcheté. L'intérêt de la France, vous me l'avez dit mille fois, mon père, passe avant notre intérêt et avant celui même de notre famille.

— C'est bien mon fils, dit Marcel, je suis content de toi. Tu viens de répondre comme j'ai répondu moi-même aux propositions que l'on me faisait.

Le jour de l'élection, Marcel se rendit à la mairie, muni de sa carte d'électeur et d'un bulletin de vote. Sur ce bulletin était le nom du député que Marcel croyait le plus capable d'assurer à la France prospérité, honneur et paix. Marcel avait consulté sa conscience, non son intérêt. BRUNO.

Enfants de Marcel. — Belin frères, éditeurs.

Questionnaire.

I. Quel était le but de l'habitant du bourg en rendant visite à Marcel?

II. Pourquoi Marcel consulta-t-il son fils Louis sur ce qu'il convenait de répondre?

III. Quelle fut la réponse de Louis; son père l'approuva-t-il?

IV. Que doit être le vote et doit-on toujours voter? Pourquoi?

RÉSUMÉ (à réciter).

1. — Les Français âgés de 21 ans ont le droit de voter, c'est-à-dire de choisir les représentants chargés d'administrer le pays. Ils ont aussi le droit d'être élus s'ils ont 25 ans, sauf comme sénateurs où il faut être âgé de 40 ans.

2. — Le droit de vote étant accordé à *tous* les citoyens français, le suffrage est donc universel. Il a été établi par la Révolution de 1848.

3. — Le vote est un acte très sérieux car il décide, par le choix des députés et des sénateurs, si les lois et l'administration seront bonnes ou mauvaises. Il doit être secret, éclairé, désintéressé, consciencieux.

4. — Ne pas voter, c'est commettre une faute grave; c'est renoncer à un droit que nos ancêtres n'ont obtenu qu'au prix des plus grands efforts. Celui qui ne vote pas ne mérite pas de vivre dans un pays libre; il est indigne du titre de citoyen.

Réflexion.

Le droit de voter impose le devoir de s'instruire.

Lecture.

La chanson de l'électeur pauvre. (*Traduit de l'anglais.* — POIGNET, *Livre de morale*, 24e leçon. — Godchaux, éditeur.

4. — LES LISTES ÉLECTORALES. — L'ÉLECTION

LECTURE

Une élection. — C'est dimanche. La grande place du Kreisquer présente un aspect inusité. Partout des groupes nombreux stationnent ; les conversations sont animées. Paysans et pêcheurs, vêtus de leurs habits de fête, pénètrent, graves et fiers, dans la mairie, sur le balcon de laquelle flotte le drapeau tricolore.

Que se passe-t-il ? Les enfants regardent, intrigués. Pour satisfaire leur curiosité, M. Laurent les fait entrer un moment dans la grande salle où siègent d'ordinaire les membres du conseil municipal.

Il s'agit de nommer le député. Une urne énorme est placée sur la table couverte d'un tapis vert. A l'appel de leur nom les électeurs présentent leur bulletin mis dans une enveloppe jetée par eux dans l'urne. Le soir, on ouvrira les bulletins ; on comptera le nombre de voix obtenues par chaque candidat. Celui dont le nom aura été le plus souvent nommé, c'est-à-dire aura obtenu la majorité, sera déclaré élu député.

Jadis, sous les rois, seuls ceux qui possédaient une certaine fortune étaient électeurs. Remercions la République, mes amis. Grâce à elle, aujourd'hui tous les Français, riches ou pauvres, sont électeurs à partir de 21 ans.

GUIOT ET MANE, *Nos Causeries.* — Delaplane, éditeur.

Questionnaire.

I. Pourquoi les paysans et les pêcheurs étaient-ils graves et fiers en pénétrant dans la mairie?

II. Que remarque-t-on dans une salle de vote et comment se passe une élection?

III. Y a-t-il longtemps que nous avons le suffrage universel? — Qui avait le droit de vote avant cette époque?

IV. Comment fait-on pour connaître ceux qui, dans chaque commune, ont le droit de voter?

RÉSUMÉ (à réciter).

1. — Dans chaque commune on dresse, à la Mairie au début de l'année, une liste de tous les habitants qui ont le droit de voter. Cette liste se nomme la liste électorale.

2. — Ceux qui ont quitté la commune depuis plus de 6 mois sont rayés. Les habitants arrivés depuis 6 mois sont ajoutés, ainsi que les jeunes gens qui ont atteint 21 ans dans l'année.

3. — La liste électorale est close le 31 mars; mais il faut s'assurer qu'on y est inscrit avant le 4 février.

4. — Quelques jours avant l'élection, chaque électeur reçoit une carte où sont inscrits, ses nom, prénoms, profession et date de naissance.

5. — Le jour du vote, l'électeur, après avoir choisi et préparé son bulletin, se rend au siège du bureau électoral, muni de sa carte. Il met son bulletin plié dans une enveloppe et l'introduit dans l'urne.

6. — Le soir, après six heures, on fait le dépouillement du scrutin. Les candidats qui ont obtenu la majorité absolue, c'est-à-dire la moitié des voix plus une, sont élus.

7. — Si le nombre des élus est insuffisant, on procède à un scrutin de ballottage pour les candidats restant à élire. Ce scrutin a lieu huit ou quinze jours après et la majorité relative suffit alors pour être élu.

Réflexion.

Vendre son vote, c'est vendre sa conscience et son honneur.

Lecture.

Une élection. (André THEURIET.) PROT, *Lecture expliquée*, page 107. — Thorinaud, éditeur.

COMPOSITIONS FRANÇAISES

I. — Quels sont les principaux droits, civils et politiques, dont jouissent les citoyens français? — Parmi ces droits, lequel à vos yeux a le plus d'importance et pourquoi?

II. — Parlez des différentes libertés accordées aux citoyens français. — Faites voir par des exemples que certaines libertés telles que la liberté de la presse, la liberté individuelle, la liberté du travail, ont des limites?

III. — Qu'entendez-vous par Souveraineté nationale? — Par quels moyens s'exerce-t-elle en France? — Depuis quand avons-nous le suffrage universel et qui nous l'a donné?

IV. — Racontez en détail une journée d'élection dans votre commune. — Aspect des rues. — Affiches. — Distributeurs de bulletins. — Animation des électeurs, etc.

MOIS DE DÉCEMBRE

LES DEVOIRS DU CITOYEN FRANÇAIS

1. — Obéissance aux lois.
2. — Obligation scolaire. — Instruction publique. — Enseignement primaire.
3. — Fréquentation scolaire. — Caisse des écoles.
4. — Enseignement secondaire. — Enseignement supérieur.

Révision mensuelle.

LES DEVOIRS DU CITOYEN FRANÇAIS : OBÉISSANCE AUX LOIS

LECTURE

Sublime exemple d'obéissance aux lois. — L'Athénien Socrate, cité devant les tribunaux de son pays comme corrupteur de la jeunesse, fut, quoique innocent, condamné à boire de la ciguë.

Ses disciples, qui l'aimaient beaucoup, avaient tout préparé pour sa fuite. L'un d'eux, nommé Criton, vint lui demander de se dérober à cette mort imméritée, pour épargner à sa patrie la honte d'une sentence injuste.

Socrate lui répondit : « Que diraient les lois, si je t'écoutais ?... Elles diraient : « Qui t'a protégé depuis le jour où tu es né, sinon nous, les lois d'Athènes ? Qui t'a fait citoyen ? Qui t'a assuré l'exercice de la liberté ? Qui t'a garanti contre toutes les violences ? Qui t'a permis de jouir en toute sécurité de tes biens ? Ce que nous avons fait pour toi, c'est à la condition que tu nous obéisses en toute occasion. Peu importe que tu sois condamné à tort, puisque c'est en notre nom : ce sont les hommes qui sont injustes et non pas nous. »

Criton dut convenir que son maître avait raison. Socrate ne s'enfuit point et il but la ciguë.

Questionnaire.

I. Pourquoi les disciples de Socrate voulaient-ils préparer sa fuite?

II. Comment Socrate s'y prit-il pour prouver à Criton qu'il ne pouvait fuir en désobéissant aux lois de son pays?

III. Ne devons-nous obéir qu'aux lois qui nous conviennent?

IV. Enumérez les bienfaits des lois invoquées par Socrate.

RÉSUMÉ (à réciter).

1. — Les principaux devoirs que le citoyen doit remplir sont : 1° l'obéissance aux lois; 2° l'obligation scolaire; 3° le service militaire; 4° le paiement de l'impôt.

2. — On distingue deux sortes de lois : les lois constitutionnelles et les lois civiles.

3. — Les lois constitutionnelles sont celles qui règlent l'organisation et les rapports des Pouvoirs publics.

4. — Les lois civiles sont celles qui règlent les intérêts et les droits de chacun en ce qui concerne la vie civile.

5. — Les lois sont groupées en cinq catégories ou Codes dont les deux principaux sont : le Code civil et le Code pénal.

6. — Les citoyens ont le devoir impérieux d'obéir aux lois puisque, dans un pays libre, elles sont faites par les représentants qu'ils ont choisis. Elles sont donc l'expression de la volonté de la majorité des citoyens et tous doivent s'y soumettre même si certaines leur paraissent injustes.

Réflexion.

Pour être un bon citoyen, il faut remplir ses devoirs et exercer ses droits avec conscience.

Lecture.

Obéissez aux lois. (DEVINAT, *Lecture et morale*, C. M., p. 56. — Larousse, éditeur.)

2. — OBLIGATION SCOLAIRE INSTRUCTION PUBLIQUE ENSEIGNEMENT PRIMAIRE

LECTURE

Un vieux gendarme regrette de ne pas être instruit. — « Vous êtes bien heureux, jeunes gens, de pouvoir aller en classe. Je n'ai pas eu la même chance. J'étais le fils d'un pauvre bûcheron chargé d'une nombreuse famille, et qui n'a jamais pu m'envoyer à l'école, même en hiver, parce qu'il n'y en avait pas dans notre village. A sept ans, je gagnais ma vie en gardant les vaches d'un fermier : j'avais la nourriture, et tous les six mois une paire de sabots. A douze ans, je travaillais au bois avec mon père ; je grimpais comme un écureuil jusqu'à la cime des plus hauts sapins pour les ébrancher, avant de les abattre.

En arrivant au régiment je ne savais ni *a* ni *b*. Voilà pourquoi je suis resté simple soldat, malgré mes campagnes, mes blessures et ma bonne conduite. Il m'a fallu terriblement de courage pour apprendre ensuite à lire, à écrire, à dresser un procès-verbal. J'en suis pourtant venu à bout, et, maintenant, j'ai mon bâton de maréchal comme brigadier de gendarmerie. J'avais autant de bon sens et de cœur que beaucoup de mes camarades devenus capitaines et même colonels ; mais ils avaient de l'instruction ; leurs parents les avaient envoyés à l'école. C'est l'instruction qui fait tout dans la vie ; avec la bonne conduite, sans l'instruction on n'arrive à rien. Aussi, jeunes gens, employez bien votre temps à l'école et profitez des leçons de votre maître. ERCKMANN-CHATRIAN.

Questionnaire.

I. Pourquoi ce vieux gendarme dit-il que les jeunes gens d'aujourd'hui sont bien heureux ?

II. Pourquoi resta-t-il simple soldat malgré sa bonne conduite ?

III. Est-il encore permis de rester ignorant ? Pourquoi non ?

IV. Pourquoi a-t-on rendu l'instruction gratuite, obligatoire et laïque ?

RÉSUMÉ (à réciter).

1. — La loi du 28 mars 1882 a rendu l'instruction primaire obligatoire. Les parents sont tenus d'envoyer régulièrement leurs enfants à l'école de 6 à 13 ans, ou de leur faire donner l'instruction dans la famille.

2. — Le certificat d'études primaires, que l'on peut obtenir à partir de 12 ans, dispense du reste de la scolarité. Il exempte les conscrits de l'examen qu'on leur fait subir à leur arrivée au régiment et, par conséquent, des cours régimentaires.

3. — L'instruction publique en France comprend trois degrés : 1° L'enseignement primaire, 2° l'enseignement secondaire, 3° l'enseignement supérieur.

4. — L'enseignement primaire est donné dans les écoles maternelles, dans les écoles primaires élémentaires et dans les écoles primaires supérieures. Il est surveillé par des inspecteurs et des inspectrices.

5. — Il comprend les connaissances indispensables à tous. Dans un pays libre il est nécessaire que tous les citoyens soient assez éclairés pour comprendre les affaires publiques et bien voter.

6. — C'est pourquoi l'Etat veut que cette instruction soit gratuite afin que les pauvres, comme les riches puissent en profiter; qu'elle soit obligatoire afin que des parents indifférents ou égoïstes ne puissent pas en priver leurs enfants; qu'elle soit laïque afin que tous les enfants de religions différentes puissent recevoir le même enseignement sans aucune atteinte à leur liberté de conscience.

Réflexion.

L'école assure l'avenir de la République en lui préparant de bons citoyens.

Lecture.

Instruisez-vous. (DEVINAT, *Lecture et morale*, C. M., p. 137. — Larousse, éditeur.)

3. — FRÉQUENTATION SCOLAIRE CAISSE DES ÉCOLES

LECTURE

Une question de l'élève Delespaul. — C'était la fin du mois. M. Delcroix venait de dresser, comme le règlement l'y oblige, la liste des enfants dont la fréquentation avait été irrégulière.

A la suite du nom de chaque élève à signaler, figuraient les noms et prénoms des parents ou des personnes responsables, l'adresse, le nombre d'absences du mois avec les motifs invoqués et les observations du maître.

L'élève Delespaul, que cette liste intriguait, hasarda cette question :

« A quoi sert, M. Delcroix, ce travail que vous faites ainsi chaque mois?

— Mon ami, il sert à rappeler à leurs devoirs les parents négligents qui retiennent leurs enfants pour des motifs peu sérieux, les empêchant ainsi de profiter des bienfaits de l'instruction qu'ils acquerraient en fréquentant régulièrement l'école.

— Mais est-ce que les personnes que vous signalez sur la liste en seront prévenues?

— Certainement, elles le seront. L'inspecteur primaire enverra le relevé des absences au juge de paix, avec son avis motivé.

Le juge de paix examinera les motifs invoqués. Il s'entourera de tous les renseignements nécessaires pour pouvoir apprécier la part de responsabilité qui peut incomber aux parents ou personnes responsables. Il adressera, s'il y a lieu, aux parents ou personnes responsables une admonestation sous forme d'avertissement sans frais ; il leur rappellera la loi et les peines qu'entraînerait une nouvelle infraction.

— Et quelles sont ces peines?

— Le juge de paix, saisi par l'inspecteur primaire, fera comparaître en audience publique les parents ou les personnes responsables pour s'entendre condamner, s'il y a lieu, à une amende d'un à cinq francs. En cas d'une nouvelle récidive, l'infraction pourra entraîner une condamnation de onze à quinze francs d'amende.

— La loi est bien sévère, je trouve. Je pensais que les parents avaient le droit de faire de leurs enfants ce qu'ils voulaient ?

— La loi n'est pas trop sévère, mon enfant ; car elle protège les enfants contre certains parents qui les feraient travailler trop tôt pour en retirer quelque argent, ou les laisseraient courir les rues par négligence. Ce sont précisément ces enfants abandonnés à eux-mêmes qui, dans la suite, deviennent des mauvais sujets, des voleurs, des malfaiteurs et parfois même des criminels, qui viennent peupler les prisons après avoir été la plaie de la société et la terreur des honnêtes gens. D'ailleurs l'instruction est aussi nécessaire à l'esprit que la nourriture est indispensable au corps ; et il n'est pas plus permis aux parents de priver leurs enfants d'instruction qu'il ne leur est permis de les laisser sans nourriture.

— Je n'avais pas réfléchi jusque-là, ajouta Delespaul, et j'approuve à présent pleinement la loi.

Questionnaire.

I. Pourquoi l'élève Delespaul était-il intrigué ?

II. Les parents qui retiennent leurs enfants au lieu de les envoyer à l'école font-ils leur devoir ? Pourquoi non ?

III. Que deviennent généralement les enfants qui courent les rues au lieu de se rendre en classe ?

IV. Quels sont les seuls motifs admis par la loi pour manquer l'école ?

RÉSUMÉ (à réciter).

1. — L'instruction primaire est obligatoire pour les enfants des deux sexes âgés de six ans révolus à treize ans révolus ; elle peut être donnée soit dans les établissements d'instruction primaire ou secondaire, soit dans les écoles publiques ou libres, soit dans les familles, par le père de famille lui-même ou par toute personne qu'il aura choisie (Art. 4 de la loi du 28 mars 1882).

2. — Chaque année, le maire dresse la liste de tous les enfants âgés de six à treize ans... Les pa-

rents doivent l'avertir lorsqu'un enfant quitte l'école.

3. — Les parents doivent faire connaître au directeur ou à la directrice de l'école les motifs des absences de leurs enfants. Les seuls motifs réputés légitimes sont : la maladie de l'enfant, le décès d'un membre de la famille, les empêchements résultant de la difficulté accidentelle des communications.

4. — La caisse des écoles doit exister dans chaque commune. Elle procure des fournitures classiques, des secours, des vêtements, des repas à la cantine aux enfants pauvres.

5. — Elle encourage les élèves par des excursions, des colonies de vacances, un séjour à la mer, des distributions de prix, des livrets de caisse d'épargne, etc.

6. — L'argent qui alimente la caisse des écoles est fourni par des donateurs particuliers, par la commune, par le département et par l'Etat.

Réflexion.

Les parents qui n'envoient pas leurs enfants régulièrement à l'école manquent à leur principal devoir de citoyens.

Lecture.

Obligation scolaire. (BRUNO, *Francinet*, page 165. — Belin frères, éditeurs.)

4. — ENSEIGNEMENT SECONDAIRE ENSEIGNEMENT SUPÉRIEUR

LECTURE

Un examen. — Quand Louis dut subir les examens du baccalauréat, il se rendit à Bordeaux avec son père Marcel, et son frère Robert. Tous trois s'installèrent dans un petit hôtel voisin des facultés des lettres et des sciences. C'est là que les candidats subissent les examens pour les divers grades universitaires : baccalauréat, licence, doctorat, etc.

Dans l'une des salles, Louis fit ses compositions écrites, avec une trentaine d'autres élèves. L'une des compositions roulait sur les mathématiques et la physique; l'autre était la traduction d'une page écrite en latin par un grand homme de l'antiquité romaine : Sénèque.

Le lendemain, les jeunes gens et leurs parents se réunirent dans la même salle pour entendre la liste des candidats admis à subir la seconde partie de l'examen, c'est-à-dire les épreuves orales. Marcel, Louis et Robert étaient bien émus lorsque le professeur commença la lecture de la liste; mais leur émotion ne dura pas longtemps, car Louis était à la tête des candidats admissibles aux épreuves orales.

Ce fut une première joie et un grand encouragement.

Les épreuves orales commencèrent aussitôt et le tour de Louis ne tarda pas à venir. Les professeurs l'interrogèrent tour à tour, sur le latin, le français, l'histoire, les mathématiques, la géométrie, la physique, l'histoire naturelle. Comme Louis avait très bien travaillé, il répondit de manière à s'attirer les félicitations des professeurs.

Quand les examens furent terminés, on proclama à haute voix les noms des candidats reçus bacheliers ès sciences.

Marcel et Robert entendirent avec fierté, dans les premiers rangs, le nom de Louis. Robert n'en demanda pas davantage, il sortit de la salle en sautant de joie et en entraînant son frère par la main. BRUNO.

Enfants de Marcel. — Belin frères, éditeurs.

Questionnaire.

I. Quels examens subit-on habituellement dans les différentes Facultés?

II. Sur quelles matières examina-t-on Louis quand il se présenta au baccalauréat?

III. Les enseignements secondaire et supérieur sont-ils, comme l'enseignement primaire, gratuits et obligatoires? Pourquoi non?

IV. Comment les élèves intelligents, peu fortunés, peuvent-ils arriver à faire des études secondaires et supérieures?

RÉSUMÉ (à réciter).

1. — L'enseignement secondaire est donné dans les lycées et collèges; il approfondit l'étude du français

et des sciences et comprend les langues anciennes (latin et grec) et les langues vivantes (anglais, allemand, espagnol, etc.).

2. — Il prépare au diplôme de bachelier, à l'école polytechnique, à l'école centrale, à l'école normale supérieure, à Saint-Cyr, etc.

3. — Il n'est ni obligatoire, ni gratuit; mais des bourses et fractions de bourses sont accordées après examen, aux élèves peu aisés qui désirent continuer leurs études.

4. — L'enseignement supérieur est donné dans les Facultés et dans les grandes écoles de l'Etat. Il forme des professeurs, des ingénieurs, des médecins, des juges, des savants, des avocats, etc. Il prépare aux examens de la licence, de l'agrégation, du doctorat, etc.

Réflexion.

La science, le travail et le capital sont les trois grandes puissances qui domptent la nature.

Lecture.

Un savant courageux : De Saussure. (BRUNO, *Tour de France*, page 87. — Belin frères, éditeurs.)

COMPOSITIONS FRANÇAISES

I. — Montrez, par différents exemples pris dans la vie pratique, qu'il est indispensable que tous les citoyens obéissent aux lois. — Faites-voir, en second lieu, les conséquences qui résulteraient pour la nation, si chacun n'obéissait qu'aux lois qui lui conviennent.

II. — Pourquoi l'instruction primaire en France est-elle : 1° gratuite, 2° obligatoire, 3° laïque?

III. — Un de vos camarades ne fréquente pas régulièrement l'école ; il s'absente souvent pour des motifs peu sérieux. Faites-lui voir les fâcheuses conséquences de son inexactitude : 1° pour lui-même, 2° pour la société, 3° pour la patrie. — Indiquez-lui ensuite à quoi il expose ses parents en agissant ainsi.

IV. — Un de vos amis vous a écrit pour vous demander des renseignements sur les matières enseignées au lycée et sur les moyens qu'il pourrait employer pour profiter des études secondaires sans imposer de trop lourds sacrifices à ses parents. — Vous lui répondez en donnant dans votre lettre tous les détails nécessaires.

MOIS DE JANVIER

FORCE PUBLIQUE : GENDARMERIE, POLICE, ARMÉE.

1. — Force publique : Gendarmerie, police.
2. — Armée : Service militaire. — Discipline militaire.
3. — Recrutement de l'armée : Recensement ; conscription, révision. — Durée du service.
4. — Armée de terre. — Armée de mer. Armée coloniale.

Révision mensuelle.

1. — FORCE PUBLIQUE : GENDARMERIE, POLICE.

LECTURE

Une arrestation. — Le docteur Rémy, mécontent des mauvais services de son domestique, Dominique, l'avait congédié. Celui-ci, par vengeance, était revenu quelque temps après avec un autre malfaiteur, dans l'intention de voler Mme Rémy en l'absence de son mari. Les deux vauriens, après avoir réduit Mme Rémy et sa servante Justine à l'impuissance, avaient enlevé une somme de dix mille francs. Dominique, malgré toutes ses ruses, fut découvert par la police. Au moment même où il venait de prendre sa place sur un bateau qui allait partir de Bordeaux pour Lisbonne, deux gendarmes apparurent devant lui : Au nom de la loi, dit l'un d'eux, je vous arrête.

Le commissaire de police avait, en effet, remis aux gendarmes un mandat d'arrêt par lequel le procureur de la République ordonnait à tous agents de la force publique, gendarmes, gardiens de la paix, gardes-champêtres, commissaires de police, de rechercher et d'amener devant la justice le sieur Dominique, comme accusé de vol et de meurtre. On vit donc revenir Dominique, la tête basse, entre deux gendarmes.

Son complice fut obligé, par une blessure reçue le jour du vol, de consulter un médecin. Celui-ci reconnut vite à qui il avait affaire : on avait partout envoyé la description de la forme que la plaie devait offrir. Le médecin prévint aussitôt le commissaire de police.

Au moment où le coupable se croyait en sûreté, on l'arrêta. Les deux coupables furent mis sous les verrous. On visita leurs meubles, on les fouilla eux-mêmes et on parvint à trouver dans une cachette et dans la doublure de leurs vêtements la somme presque complète volée à M. Rémy. Tout allait donc pour le mieux : la justice suivait son cours, le dossier du procès se préparait ; la cause allait venir devant la cour d'assises. BRUNO.

Enfants de Marcel. — Belin frères, éditeurs.

Questionnaire.

I. Trouver les différentes causes qui ont amené Dominique à voler.

II. Réussit-il à échapper à la justice? Pourquoi non ?

III. Quels sont les magistrats et agents chargés de rechercher et d'arrêter les malfaiteurs ?

IV. Quels moyens avait-on employés pour arriver à découvrir le complice de Dominique?

RÉSUMÉ (à réciter).

1. — La force publique comprend : 1° La gendarmerie et la police qui maintiennent l'ordre dans le pays, nous protègent contre les malfaiteurs et font exécuter les lois ; 2° l'armée, qui est chargée de défendre la Patrie contre les ennemis qui pourraient l'attaquer.

2. — La gendarmerie fait partie de l'armée ; elle se recrute parmi les soldats d'élite ; elle est répartie sur tout le territoire.

3. — Il y a dans chaque canton au moins une brigade de cinq hommes.

4. — Les commissaires de police, agents et gardes-

champêtres font la police dans chaque commune sous les ordres du maire.

5. — Il y a en France un certain nombre de brigades de police mobile chargées de rechercher les criminels dans tout le pays.

Réflexion.

Il n'y a que ceux dont la conscience est tourmentée qui craignent la gendarmerie et la police.

Lecture.

Le petit maraudeur et le garde-champêtre. (BRUNO, *Instruction morale*, page 56. — Belin frères, éditeurs.)

---

2. — ARMÉE. — SERVICE MILITAIRE. DISCIPLINE MILITAIRE

LECTURE

Lettre à un frère sous les drapeaux.

Mon cher Emile,

Nous avons été surpris en lisant ta dernière lettre. Tu te plains de l'obligation où tu es de demeurer loin de ta famille et obligé de perdre ton temps au régiment. Je ne suis pas de ton avis ; et voici pourquoi.

Parmi les nations qui nous entourent, il y a des peuples violents et toujours prêts à profiter de notre faiblesse pour s'emparer de notre territoire. Il est donc indispensable que nous puissions nous défendre contre leurs attaques. C'est à cela que sert l'armée.

Mais la guerre ne se fait plus comme autrefois et le courage individuel est peu de chose dans le sort de la bataille. Aussi, nous serions infailliblement vaincus si nos soldats n'étaient habitués au maniement des armes, à la discipline et aux fatigues. Et comme le service militaire a justement pour but de nous donner ces qualités, tu vois par là que ce service est nécessaire.

Réfléchis à tout cela, mon cher Emile, et je suis certain que tu ne te plaindras plus d'être obligé de passer trois ans au régiment. Papa, Maman et moi, nous t'embrassons affectueusement.

Ton frère qui t'aime,
ANDRÉ.

Questionnaire.

I. Que disait Emile dans la lettre qu'il écrivait dernièrement à ses parents?

II. Que répondit André à son frère pour lui prouver la nécessité d'avoir une armée?

III. Des soldats improvisés auraient-ils des chances de succès dans une bataille? Pourquoi non?

IV. Quelles sont, selon vous, les principales obligations d'un soldat?

RÉSUMÉ (à réciter).

1. — Une nation qui veut être respectée par les autres pays et jouer un rôle important dans le monde doit avoir une armée forte et vaillante.

2. — Pour avoir une bonne armée, il faut préparer les soldats au maniement des armes, à la discipline, à la marche, aux fatigues et même aux privations. C'est pourquoi il est nécessaire que tous les Français soient soldats.

3. — Dans les temps anciens des hommes faisaient métier de soldats pour de l'argent. Avant 1870, les riches pouvaient payer des remplaçants et rester tranquillement chez eux pendant que les autres allaient se faire tuer pour eux. C'était une injustice; notre République l'a fait disparaître.

4. — La discipline est la force des armées. Elle est indispensable avec un aussi grand nombre de soldats.

5. — Ceux qui ne se soumettent pas aux règles rigoureuses de l'armée sont sévèrement punis. Ceux qui commettent des fautes graves passent devant un Conseil de guerre composé de 6 officiers et d'un sous-officier.

6. — Les peines infligées par les Conseils de guerre sont : la prison, la dégradation, le transfert dans une compagnie de discipline, la peine de mort.

Réflexion.

Un bon soldat doit obéir sans murmure aux ordres de ses chefs.

Lecture.

Bon fils, bon soldat. (CARRÉ et MOY, *Rédaction*, page 256. — Colin, éditeur.)

3. — RECRUTEMENT DE L'ARMÉE : RECENSEMENT, CONSCRIPTION, RÉVISION, DURÉE DU SERVICE.

LECTURE

Le Conseil de révision. — Quels sont ces chants joyeux et inaccoutumés qui retentissent dans les rues de la commune ? Ce sont ceux des conscrits qui se préparent à passer devant le Conseil de révision. Tous ont été précédemment inscrits sur les listes de recensement. Ils vont se présenter devant une commission présidée par le Préfet et composée d'officiers et de docteurs. Ces derniers déclareront si les conscrits sont assez grands et assez forts pour être soldats.

Au mois de novembre, tous ceux qui seront reconnus bons pour le service recevront une feuille de route qui leur indiquera la garnison qu'ils doivent rejoindre. Ils resteront trois ans sous les drapeaux. Là ils devront s'efforcer de devenir de bons soldats, afin que, si la Patrie a un jour besoin de leurs bras, ils puissent la défendre et refouler l'ennemi qui tenterait d'envahir le pays.

Ils sont heureux aujourd'hui, de pouvoir offrir à leur pays trois de leurs plus belles années ; voilà pourquoi vous les entendez chanter joyeusement des chants patriotiques, sachant bien que c'est une dette sacrée que tout Français doit payer à la France qui a tant fait pour eux.

Questionnaire.

I. Pourquoi les conscrits chantaient-ils dans les rues ? — Avaient-ils raison de le faire ?

II. Devant qui allaient-ils se présenter et pourquoi ?

III. A quelle époque partiront-ils au régiment? Combien de temps y resteront-ils?

IV. Auront-ils terminé tout service militaire après trois ans?

RÉSUMÉ (à réciter).

1. — Chaque année les jeunes gens qui ont atteint l'âge de 20 ans sont inscrits avant le 31 décembre sur les tableaux de recensement de chaque commune. Ils sont conscrits.

2. — Les conscrits sont examinés par le Conseil de révision au chef-lieu de canton. Ceux qui ont une bonne constitution sont déclarés bons pour le service, les autres, moins valides, sont versés dans le service auxiliaire, ajournés à un an ou réformés.

3. — Accomplir son service militaire est un honneur qu'on refuse à ceux qui ont été condamnés pour des actes déshonorants. Les réfractaires, qui cherchent à échapper à ce devoir sacré ; les déserteurs, qui abandonnent le régiment, sont des lâches qui ne méritent pas le beau nom de Français.

4. — Tous les citoyens valides sont donc soldats. Ils appartiennent à l'armée depuis l'âge de 20 ans jusqu'à l'âge de 48 ans.

5. — La durée du service militaire est de 28 ans qui se décomposent comme suit : 3 ans dans l'armée active à la caserne ; 11 ans dans la réserve de l'armée active avec deux périodes d'exercices de 23 jours et de 17 jours ; 7 ans dans l'armée territoriale avec une période de 9 jours ; 7 ans dans la réserve de l'armée territoriale sans aucun service en temps de paix.

6. — En cas de guerre, l'armée active et sa réserve entreraient immédiatement en campagne aux frontières. L'armée territoriale et sa réserve auraient pour mission de garder les places fortes sur le territoire.

Réflexion.

Ceux qui cherchent à se soustraire au service militaire en se mutilant sont des lâches.

Lecture.

Les Français au bivouac. (Général Foy.) (Cazes, *Livre de lecture*, page 397. — Delagrave, éditeur.)

---

4. — ARMÉE DE TERRE. — ARMÉE DE MER. ARMÉE COLONIALE.

LECTURE

Retour du Maroc. — Le caporal Lucien Guidé revenait du Maroc et toute sa famille l'attendait en gare. Le plus jeune fils, Paul le Curieux, comme on l'appelait parfois, n'était pas le moins impatient et il s'apprêtait plus que tout autre à questionner son frère.

Après l'arrivée, et, quand chacun eut fait part de ses impressions, l'interrogatoire de Curieux commença.

« Est-ce que tu es malade, frère, dit Paul, je te trouve bruni et maigri ?

— Mais non, Paul, je ne suis point malade, et si tu me trouves bruni, cela tient au climat, à la vie en plein air, sous un soleil ardent ; enfin, si je suis un peu maigri, c'est la cause de la fatigue, des marches, des alertes, des attaques, etc.

— Alors cette campagne du Maroc est dure, à ce que je vois, raconte-la-moi.

— Eh bien, Paul, il a d'abord fallu que notre flotte, l'armée de mer, si tu veux, bombarde les côtes et favorise le débarquement ; puis l'armée de terre a dû conquérir les villes une à une, chasser l'ennemi des montagnes et le battre dans la plaine. Parfois c'était dur et dangereux, avec ces fanatiques que sont les Marocains ; mais bientôt, par la patience, la force et la tolérance nous aurons raison de ces hordes à demi sauvages, nous les civiliserons et nous n'aurons plus qu'à laisser une armée d'occupation, une armée coloniale, comme on dit, pour maintenir l'ordre dans le Maroc qui sera devenu une annexe de notre plus belle colonie, l'Algérie.

— Bravo ! s'écria Paul, et je serai fier de dire que tu as concouru à assurer notre triomphe dans ce pays et à y implanter la civilisation. »

Questionnaire.

I. En apercevant Lucien, Paul ne trouvait-il rien de changé dans sa physionomie?

II. Quelles raisons Lucien donne-t-il de ces changements?

III. Quelles sont les armées qui ont dû concourir à l'établissement de la France en Algérie et au Maroc?

IV. Quels sont les différents grades dans l'armée, 1° pour l'infanterie, 2° pour la cavalerie ?

RÉSUMÉ (à réciter).

1. — L'armée de terre, comme son nom l'indique, comprend toutes les troupes appelées à défendre le pays sur le continent.

2. — Elle se divise en cinq armes : l'infanterie (soldats à pied) : la cavalerie (soldats à cheval); l'artillerie (manœuvre des canons); le génie (fortifications, chemins de fer, ponts, etc.) ; l'aviation (services de reconnaissance en aéroplanes).

3. — Les grades dans l'armée sont donnés aux meilleurs soldats. On peut donc arriver aux plus hauts grades et devenir successivement caporal (brigadier dans les armes autres que l'infanterie); sergent, (maréchal-des-logis dans la cavalerie) ; sergent-major, (maréchal-des-logis chef); adjudant ; sous-lieutenant, lieutenant, capitaine ; commandant (chef de bataillon ou d'escadron), lieutenant-colonel, colonel ; général de brigade, général de division.

4. — L'armée de mer comprend : 1° tous les navires de guerre avec leurs équipages, qui sont chargés de la défense des côtes de la France et des colonies ; 2° l'infanterie et l'artillerie de marine, qui ont pour mission de défendre les ports militaires.

5. — L'armée coloniale est composée de l'infante-

rie et de l'artillerie coloniales et de soldats indigènes encadrés d'officiers et de sous-officiers français.

6. — Elle est chargée de défendre nos colonies, d'y maintenir l'ordre, de protéger nos colons et notre commerce contre les brigandages des indigènes peu civilisés, de faire respecter notre drapeau.

Réflexion.

Savoir obéir pendant le service est souvent aussi beau et aussi difficile que de savoir commander.

Lecture.

Les soldats de l'an II. (Victor HUGO.) (CAZES, *Livre de lecture*, page 317. — Delagrave, éditeur.)

COMPOSITIONS FRANÇAISES

I. — Vous avez été témoin de l'arrestation d'un malfaiteur. — Dites ce qu'il avait fait de mal et racontez son arrestation dans tous ses détails.

II. — Vous avez accompagné les conscrits de votre commune qui allaient passer devant le Conseil de révision au chef-lieu de canton. Racontez ce que vous avez observé pendant cette journée. Expliquez ensuite comment se fait le recrutement de l'armée.

III. — Vous serez soldat un jour. Comment comprendrez-vous votre devoir : 1° au régiment, 2° en cas de guerre, avant, pendant et après le combat.

IV. — La France possède trois armées différentes : l'armée de terre, l'armée de mer, l'armée coloniale. — Dites dans laquelle vous préférerez servir plus tard et donnez les raisons de votre préférence.

MOIS DE FÉVRIER

IMPOT. — CONTRIBUTIONS. — BUDGET

1. — Impôt. — Assiette de l'impôt. — Budget.
2. — Contributions directes. — Perception.
3. — Contributions indirectes. — Impôts de consommation. — Monopoles de l'Etat.
4. — Droits de timbre et d'enregistrement. — Douane et octroi.

Révision mensuelle.

1. — IMPOT. — ASSIETTE DE L'IMPOT. BUDGET

LECTURE

Père Mathieu n'a pas raison. — Hier soir, notre voisin Mathieu est venu passer la veillée avec nous. Il avait justement reçu un avertissement lui indiquant le montant des contributions qu'il aura à payer cette année, et il n'était pas content du tout. « Le Gouvernement, disait-il, n'a pas besoin de tout cet argent. » Il ajouta même que l'impôt est inutile.

Je n'ai pas répondu, dit Pierre, parce qu'un enfant ne doit pas se mêler à la conversation des grandes personnes. Mais je trouve que le père Mathieu a eu tort de parler ainsi. Il ne sait probablement pas ce que c'est que l'impôt, et il ignore également à quoi il sert. J'aurais pu lui dire que l'impôt est une petite somme d'argent réclamée à chaque citoyen pour subvenir aux dépenses publiques, que l'impôt est nécessaire, parce qu'il assure tous les services publics. C'est avec son produit qu'on entretient l'armée, qu'on paie les gendarmes, les juges, les instituteurs ; qu'on construit les routes, les écoles, etc. S'il était su -

primé, la Société serait désorganisée : il n'y aurait plus de Gouvernement possible.

Aussi un bon Français doit payer l'impôt sans murmurer. Quant à moi, je n'imiterai pas le père Mathieu. Lorsque je serai grand, j'acquitterai mes contributions de bon cœur, parce que je sais que cet argent est utilisé dans l'intérêt de tous.

Questionnaire.

I. Pourquoi le père Mathieu fait-il cette réflexion : « Le Gouvernement n'a pas besoin de tout cet argent » ?

II. L'approuvez-vous? — Pourquoi non ?

III. Comment l'Etat peut-il savoir quelles dépenses et quelles recettes il effectuera dans l'année ?

IV. N'y a-t-il que l'Etat qui établisse un tableau détaillé des recettes et des dépenses ?

RÉSUMÉ (à réciter).

1. — Chaque habitant contribue, selon ses moyens, aux dépenses nécessaires pour assurer tous les services publics.

2. — La somme payée annuellement par chacun profite à tous ; elle se nomme impôt ou contribution.

3. — Autrefois l'impôt n'était pas réparti équitablement. Les privilégiés de la noblesse et du clergé payaient peu, tandis que le peuple était écrasé de contributions de toute sorte. Les dépenses du roi n'étaient pas contrôlées.

4. — Aujourd'hui, tout le monde paye en proportion de sa fortune. Ce sont les représentants du peuple qui établissent les impôts et en contrôlent l'emploi.

5. — Le tableau détaillé des recettes et des dépenses se nomme budget. L'Etat, les départements, les communes préparent chaque année leur budget.

6. — C'est le Ministre des finances qui établit le projet du budget de l'Etat et le soumet au vote du Parlement. Le Préfet prépare celui du département et le Conseil général le vote. Le budget de la commune est établi par le maire et voté par le Conseil municipal.

— roviennent de deux sortes de

contributions : 1° Les contributions directes ; 2° les contributions indirectes.

8. — Les dépenses se divisent en deux groupes : 1° Les intérêts à payer pour la Dette publique ; 2° les dépenses nécessaires aux services publics.

Réflexion.

La patrie, pour faire les grandes choses dont elle est chargée, a besoin tout ensemble des sous du pauvre et de l'or du riche.

Lecture.

Il faut payer l'impôt. (FRANKLIN.) (PROT, *Lecture expliquée*, page 31. — Thorinaud, éditeur.)

---

2. — CONTRIBUTIONS DIRECTES. — PERCEPTION

LECTURE

Les charges de Jacques Bonhomme. — Les charges qui pesaient sur Jacques Bonhomme avant la Révolution étaient accablantes. Il fallait toujours acquitter la dîme au clergé, payer des droits féodaux aux nobles et des impôts très lourds au roi ; tandis que le clergé et les nobles ne payaient que des contributions dérisoires. Jacques Bonhomme, pour une terre qui lui rapportait cent francs, était obligé de donner plus de cinquante francs au fisc. Il eût bien voulu supposer que tout l'argent qu'il donnait aux percepteurs d'impôt servait à payer l'armée, à entretenir les routes, les canaux, enfin à assurer le bien du pays. Mais, comment le croire encore, quand il apprenait de quel luxe s'entouraient les princes et le roi ?

Louis XVI, un des meilleurs rois que Jacques Bonhomme ait connu, menait un train fastueux. Il n'avait pas moins de 1.857 chevaux, et de 1.558 cochers, laquais ou palefreniers. Son premier cuisinier touchait des appointements de 84.000 francs par an.

Et c'était pour subvenir à toutes ces folles dépenses que le pauvre Jacques Bonhomme s'échinait à travailler.

Il payait pourtant : il le fallait bien. Les percepteurs d'impôts ne le ménageaient pas. Quand il n'avait pas d'argent, ils lui prenaient jusqu'aux portes de sa maison, après avoir mis en vente tout ce qui était dedans.

Une fois il arriva à Jacques Bonhomme de payer trop vite, et de laisser voir que ses affaires marchaient bien. L'année suivante on lui imposa double contribution.

Extrait de COMPAYRÉ.

Éléments d'éducation morale et civique. — Delaplane, éditeur.

Questionnaire.

I. Que pensez-vous de la situation critique de Jacques Bonhomme avant la Révolution?

II. Les impôts étaient-ils bien répartis et employés, comme aujourd'hui à assurer les services publics?

III. Quelles réflexions vous inspirent les folles dépenses du roi, et la misère du peuple?

IV. Voici une feuille de contributions, qu'y remarquez-vous?

RÉSUMÉ (à réciter).

1. — Ceux qui reçoivent une feuille d'impôts sont appelés contribuables. Les contribuables payent directement leurs impôts au percepteur d'où : Contributions directes.

2. — Les contributions directes sont divisées en quatre catégories : 1° l'impôt foncier, payé par les propriétaires de terres et d'immeubles ; 2° la cote personnelle payée par toute personne non indigente et la cote mobilière établie d'après le prix du loyer : 3° l'impôt des portes et fenêtres ; 4° les patentes pour les commerçants.

3° Les contributions directes comprennent encore les prestations, l'impôt sur les chevaux et voitures, sur les automobiles, les chiens, les pianos, les billards, etc.

4. — Chacun connaît exactement le montant de ses impôts directs par une feuille d'impôt qu'il reçoit au début de chaque année.

5. — On peut payer ses impôts en une ou plusieurs fois et même par douzièmes.

6. — Le percepteur qui réside au chef-lieu de canton, reçoit les contributions directes dans chaque commune. Il paye les mandats et verse le reste au Receveur particulier qui est au chef-lieu d'arrondissement.

7. — Les receveurs particuliers font leurs versements au Trésorier-payeur-général au chef-lieu du département, et celui-ci envoie les fonds libres au Ministère des finances à Paris.

8. — Tous les comptes des fonctionnaires des finances sont vérifiés par des inspecteurs et contrôlés par la Cour des comptes qui siège à Paris.

Réflexion.

Payer l'impôt n'est pas seulement une obligation imposée par la loi, c'est un devoir de conscience. (FRANCK.)

Lecture.

L'impôt. (GUIOT et MANE, *Nos Causeries*, page 277. — Delaplane, éditeur.)

---

3. — CONTRIBUTIONS INDIRECTES. IMPOTS DE CONSOMMATION. MONOPOLES DE L'ÉTAT.

LECTURE

Un bon mouvement du père Pascal. — « Bonjour, père Pascal, vous allez encore payer vos contributions? » Ainsi s'exprimait un jour le charron Demailly s'adressant à son voisin dont l'habitude était d'aller boire chaque matin quelques verres de genièvre et dont la pipe fumait pour le moment comme le fourneau d'une locomotive.

« Que dis-tu, objecta le père Pascal, je vais payer mes contributions.

— Eh oui! pourtant il me semblait que vous murmuriez il y a quelques jours en portant votre argent au percepteur.

— C'est vrai, ce que tu dis; mais je ne vois pas

bien à quoi tu fais allusion, en disant que je vais encore payer mes contributions.

— N'allez-vous donc pas boire le verre et ne fumez-vous pas en ce moment une bonne pipe? Eh bien, l'alcool que vous allez absorber, outre qu'il nuit à votre santé, est frappé d'un fort impôt qu'on fait supporter au fabricant et que vous payez ensuite indirectement à l'Etat, puisque vous en faites usage. Et ce tabac que vous fumez en ce moment, et les allumettes dont vous vous servez tant de fois par jour pour allumer votre pipe, cela est fabriqué, travaillé par l'Etat qui en a le monopole et frappé d'un droit très fort; qui est-ce qui paye ce droit, si ce n'est le consommateur ? En ce moment, ce consommateur c'est vous; donc vous murmuriez à tort il y a quelques jours puisque vous consentez aujourd'hui, et tous les jours, à payer plus d'impôt que ne vous en impose l'Etat.

— Tu as raison, Demailly, reprit le père Pascal », et brisant sa pipe, il retourna chez lui, renonçant au tabac et à la visite qu'il rendait chaque jour au débitant Godefroy.

Questionnaire.

I. Le père Pascal comprit-il tout de suite la question du charron Demailly ?

II. Comment comprenez-vous que le père Pascal paye des contributions en buvant un verre de genièvre et en fumant une pipe ?

III. Est-il toujours possible d'éviter de payer les contributions indirectes ? Pourquoi non ?

IV. Les impôts de consommation sont-ils établis proportionnellement à la fortune de chacun ?

RÉSUMÉ (à réciter).

1. — Nous ne pouvons pas connaitre exactement ce que nous payons comme impôts indirects, car ils sont compris dans les prix de vente des marchandises et denrées dont les droits ont été payés à l'Etat par les producteurs.

2. — Les contributions indirectes sont de quatre sortes : 1° Les impôts de consommation ; 2° les mo-

nopoles de l'Etat ; 3° les droits de timbres et d'enregistrement ; 4° les droits de douane et d'octroi.

3. — Certains droits de consommation sont perçus par les commis et les receveurs des contributions indirectes.

4. — Les impôts indirects ne sont pas établis proportionnellement à la fortune de chacun ; c'est là un grave inconvénient, car ils pèsent plus lourdement sur les familles nombreuses en raison de leur plus grande consommation.

5. — On appelle monopole le droit que se réserve l'Etat de fabriquer et de vendre seul certaines marchandises, telles que la poudre, les allumettes, les cartes, le tabac, etc.

Réflexion.

Il serait à désirer que le nécessaire ne soit pas taxé, que l'utile le soit légèrement et le superflu davantage. (MONTESQUIEU.)

Lecture.

Les contributions directes et indirectes. (BRUNO, *Enfants de Marcel*, page 80. — Belin frères, éditeurs.)

---

4. — DROITS DE TIMBRE ET D'ENREGISTREMENT DOUANE ET OCTROI

LECTURE

La contrebande. — Un de mes plus chers amis revenait de Belgique avec sa belle-mère. La brave dame avait acheté à *Malines* de fort belles dentelles et les avait adroitement cachées dans ses malles, au milieu de ses robes.

Arrivés à la frontière, son gendre lui dit : « N'oubliez pas de déclarer vos dentelles. »

— Par exemple ! Il me faudrait payer des droits énormes !

— Mais ces droits, vous les devez !

— Je les dois ! A qui ! Pourquoi ?

— Parce qu'il y a une loi sur l'*importation* qui frappe d'un impôt....

— Est-ce que c'est moi qui l'ai faite, cette loi? Est-ce qu'on m'a demandé mon avis pour la faire? Je la trouve *absurde*, moi, cette loi; je la trouve *inique*, *oppressive!*... et je ne comprends pas qu'un *libéral* comme vous approuve une telle *tyrannie*. J'y échappe, c'est mon droit.

— Mais c'est de la *contrebande*, et la contrebande est une *fraude*.

— Assez, reprit-elle sèchement. Vous n'avez pas la prétention, j'imagine, de m'apprendre ce que j'ai à faire. Donc taisez-vous.

Il se tut, mais quand on en vint à l'examen des malles et que le douanier demanda aux voyageurs s'ils n'avaient rien à déclarer, mon ami, avec *le calme qui lui est propre*, répondit : « Oui, Monsieur, madame a ici des dentelles qui, je crois, doivent payer l'entrée. »

La fureur de la dame, vous vous l'imaginez, Elle ne pouvait rien dire, le douanier était là ; il lui fallut ouvrir ses malles, dérouler ses bandes de Malines et payer un droit qui lui parut *exorbitant*. A chaque pièce de dentelle qu'elle montrait et à chaque somme qu'elle tirait elle lançait à son gendre des regards *furibonds et des imprécations sourdes*, qu'il essuyait avec un *flegme imperturbable*.

Mais l'histoire eut un dénouement bien imprévu. La vue de l'honnêteté a un tel *ascendant*, même sur ceux qu'elle condamne ou irrite que, la visite finie et les deux voyageurs restés seuls, la belle-mère de mon ami se retourna vers lui et, après un moment de silence, lui sautant au cou : « Mon gendre, vous êtes un brave homme ; il faut que je vous embrasse. »

E. Legouvé.

Nos filles et nos fils. — Hetzel, éditeur.

Questionnaire.

I. D'après la lecture que vous venez de faire, dites ce que c'est que les droits de douane.

II. Peut-on frauder de différentes façons? Comment?

III. Comment appréciez-vous la conduite du gendre au bureau de douane? Quelles en furent les conséquences?

IV. Comment peut-on dire que frauder, c'est voler tout le monde?

RÉSUMÉ (à réciter).

1. — Les droits de timbres et d'enregistrement sont les sommes perçues pour tout achat, vente, acte notarié, bail, etc., par les receveurs de l'enregistrement et les notaires.

2. — Les droits de douane sont payés aux receveurs des douanes à la frontière pour des marchandises ou denrées qui entrent en France. Ces droits sont nécessaires pour protéger notre agriculture et notre industrie.

3. — Les droits d'octroi sont perçus au profit de certaines villes ou villages importants, pour des marchandises ou denrées désignées d'avance, à leur entrée sur le territoire de la commune. Ces droits doivent être approuvés par l'Etat.

4. — Ceux qui introduisent en France des marchandises sans acquitter les droits de douanes sont des fraudeurs ou contrebandiers. Ils volent l'Etat, c'est-à-dire tout le monde.

Réflexion.

Le fraudeur n'est qu'un égoïste : il ne songe qu'à ses intérêts et nuit à ceux des autres.

Lecture.

Le fraudeur puni. (Pierre LALOI.) POIGNET et BERNAT, *Livre de morale*, 23e leçon. — Godchaux, éditeur.

COMPOSITIONS FRANÇAISES

I. — Dites ce que vous savez sur la répartition et l'emploi des impôts autrefois et aujourd'hui?

II. — Un de vos voisins se plaint continuellement d'être obligé de payer des contributions élevées. Montrez-lui que ses plaintes sont injustifiées en lui expliquant la nécessité de l'impôt pour le fonctionnement de tous les services publics.

III. — Y a-t-il plusieurs sortes de contributions ? — Lesquelles? — Montrez qu'on ne paye pas seulement les impôts indiqués sur la feuille de contributions, mais encore, à tout instant, sur presque toutes les choses nécessaires à la vie.

IV. — Un fraudeur a été pris par les douaniers et condamné à payer une forte amende ; de plus on lui a confisqué toutes ses marchandises. Pourquoi ne doit-on pas le plaindre? — Qu'arriverait-il si tout le monde en faisait autant ?

MOIS DE MARS

ADMINISTRATION DE LA FRANCE

1. — Divisions administratives. — La commune; le cadastre.
2. — Le conseil municipal. — Le maire. — L'état-civil.
3. — Le canton. — Le chef-lieu de canton.
4. — L'arrondissement. — Le chef-lieu d'arrondissement. — Le sous-préfet. — Le conseil d'arrondissement.
Révision mensuelle.

1. — DIVISIONS ADMINISTRATIVES. LA COMMUNE, LE CADASTRE.

LECTURE

Il y a communes et commune. — « Ah! pour l'instant, je n'y comprends plus rien, s'exclamait un jour l'élève Pierre Dutronc, mon histoire de France me parle des communes au moyen âge, et mon nouveau livre de lecture me dit que la Révolution française a divisé la France en départements, les départements en arrondissements, les arrondissements en cantons et les cantons en communes. Assurément l'un des deux livres se trompe ; mais je serai bientôt renseigné. » Et allant aussitôt trouver son instituteur, Pierre Dutronc expliqua son embarras.

M. Andrieux se mit aussitôt à rire et dit : « Mon ami, tes deux livres ont raison et je comprends assez ton embarras ; mais je vais t'expliquer.

Au moyen âge, les communes étaient des associations formées par les habitants des villes pour se défendre contre la tyrannie des seigneurs. Chaque commune reconnue libre avait, moyennant redevance au seigneur, sa tour ou beffroi, avec un guetteur qui surveillait l'horizon en cas d'attaque, sa milice ou armée, son hôtel-de-ville, ses magistrats (échevins, maire) et s'administrait d'après des coutumes ou règles qu'elle adoptait et qui variaient d'une ville à l'autre : c'était une petite république vivant isolée.

La commune d'aujourd'hui est toute différente : elle a bien encore son magistrat, le maire, et son assemblée, le conseil municipal pour l'administrer; mais au lieu de coutumes et d'une milice spéciales, elle a les lois du pays, qui sont égales pour toutes, et elle est protégée par une armée nationale. Elle n'a donc plus qu'à s'occuper de l'administration de ses biens et elle ne vit plus en république indépendante, s'intéressant peu aux affaires des autres villes.

— Bravo ! dit Pierre, je comprends. La commune actuelle est comme l'une des filles d'une même famille dont la mère est la France. Elle jouit comme toutes ses sœurs d'avantages communs, tout en partageant des devoirs communs. »

Questionnaire.

I. Quelle était la cause de la confusion qui régnait dans l'esprit de l'élève Pierre Dutronc? Et que croyait-il?

II. Quelle idée vous faites-vous d'une commune au moyen âge?

III. En quoi la commune d'aujourd'hui diffère-t-elle des communes d'autrefois?

IV. Toutes les communes ont-elles la même importance? Quelle est la population de la vôtre? Citez les différentes communes qui l'avoisinent.

RÉSUMÉ (à réciter).

1. — La France est actuellement divisée en 86 départements. — Chaque département comprend plusieurs arrondissements ; l'arrondissement, plusieurs cantons; le canton, plusieurs communes.

2. — Une commune est la plus petite division administrative de notre pays. Il y en a 36.000 en France.

3. — Elle consiste en une étendue de territoire habitée par une réunion de Français et de Françaises qui ont des intérêts communs, des droits, des devoirs et des avantages communs.

4. — La loi reconnait aux communes le droit d'ac-

quérir, de posséder des biens, de construire des édifices, des monuments publics, d'emprunter, etc.. Elle a donc des revenus et des dépenses, d'où la nécessité d'établir un budget communal.

5. — Notre commune compte .... habitants. Son territoire touche aux communes de.... de.... de....

6. — Il y a dans chaque mairie un plan de la commune où sont représentées toutes les propriétés : maisons, jardins, champs, édifices, monuments, etc. C'est le plan cadastral.

7. — Chaque parcelle de terrain bâti ou non bâti porte un numéro qui correspond à celui du propriétaire dont le nom est inscrit sur le registre cadastral. Ce registre sert à la répartition de l'impôt foncier. Tout le monde peut le consulter à la mairie.

Réflexion.

Au-dessus de toutes les patries locales que sont les communes, il y a la grande patrie, qui est la France.

Lecture.

Formation d'une commune. (COMPAYRÉ, *Éléments d'éducation morale et civique*, page 75. — Delaplane, éditeur.)

---

2. — LE CONSEIL MUNICIPAL. — LE MAIRE. L'ÉTAT-CIVIL.

LECTURE

Une visite à la mairie. — On venait d'inaugurer la nouvelle mairie du bourg, et le jeune Léon était désireux de la visiter. « Ce sera facile, lui dit son père, j'ai besoin d'aller consulter le cadastre pour avoir le plan et la contenance de la pièce de terre que je loue dans la vallée Montaigue, tu viendras avec moi jeudi et ta curiosité sera satisfaite. »

Le jeudi suivant, vers deux heures, Léon et son père pénétrèrent dans la mairie située sur la place. Ils trouvèrent dans la salle principale le secrétaire de mairie occupé à écrire. On se salua : puis les deux hommes se mirent à parler de propriété tout en examinant le cadastre. Pendant ce temps l'enfant s'assit et regarda autour de lui.

La pièce était de grandeur moyenne, très propre et très jolie; au centre il y avait une grande table recouverte d'un beau tapis vert et entouré de chaises; des rayons, divisés en casiers et appliqués aux murs, étaient remplis de paperasses, livres, brochures, registres, cartons, etc. ; au-dessus de la cheminée, en face de la porte d'entrée, un beau buste de la République était placé sur un support, et était surmonté d'un cadre contenant le portrait du Président de la République. Léon n'avait jamais vu de salle semblable.

En retournant à la maison, il ne manqua pas de demander à son père à quoi pouvait bien servir la mairie. Il fut content d'apprendre que c'est là qu'on inscrit les naissances, les mariages et les décès, qu'on vote, qu'on prend connaissance des nouvelles lois qui s'y trouvent toujours affichées, que le conseil municipal se réunit chaque fois qu'il a besoin de s'occuper des affaires de la commune, qu'on se fait inscrire quand on a vingt ans pour être conscrit, etc.

Il comprit aussi pourquoi, dans certains endroits, on appelle la mairie, maison commune, c'est-à-dire maison de tout le monde.

Questionnaire.

I. Faites la description de la pièce de la mairie où Léon et son père furent introduits.

II. Chaque commune a-t-elle besoin d'une mairie? Pourquoi?

III. Combien de réunions le conseil municipal est-il obligé de faire dans l'année? De quoi s'occupe-t-il?

IV. Quelles sont les principales attributions du maire : 1° comme représentant de la commune; 2° comme agent du gouvernement?

RÉSUMÉ (à réciter).

1. — Les électeurs font gérer les intérêts et les affaires de la commune par des hommes choisis par eux et qu'on appelle conseillers municipaux.

2. — Le nombre des conseillers municipaux varie suivant la population de la commune; il va de 10 à

36. Ils sont élus pour quatre ans au scrutin de liste par le suffrage universel.

3. — Le conseil municipal se réunit à la mairie en sessions ordinaires quatre fois par an : en février, mai, août et novembre ; mais il peut se réunir en session extraordinaire toutes les fois qu'il y a des affaires imprévues et urgentes à traiter.

4. — Le conseil municipal vote le budget communal, nomme les délégués aux élections sénatoriales et s'occupe de tout ce qui intéresse les intérêts de la commune.

5. — Les conseillers municipaux choisissent parmi eux le maire et les adjoints. Quand le maire s'absente ou que la commune est très importante, il délègue une partie de ses pouvoirs aux adjoints.

6. — Le maire, représentant de la commune, est chargé de faire exécuter les décisions du conseil municipal ; de faire des règlements de police, de salubrité publique et de voirie ; de préparer le budget communal, de nommer les employés municipaux, etc.

7. — Comme représentant ou agent du gouvernement, il publie et fait exécuter les lois, dresse les listes électorales, fait le recensement des conscrits et préside à la répartition des impôts. Il veille à la sécurité des habitants et assure l'ordre public.

8. — Comme officier de l'état-civil, le maire enregistre les naissances, les mariages, les décès et les divorces.

9. — Depuis la Convention, qui a laïcisé les actes de l'état-civil, on doit déclarer à la mairie les naissances dans les 3 jours, les décès dans les 24 heures avec deux témoins.

10. — Chaque citoyen peut se faire délivrer à la mairie un extrait ou copie des actes de l'état-civil qui le concernent.

11. — Ces actes sont très importants pour l'authenticité de la famille, de la parenté, pour les héritages, la conscription, les listes électorales, la nationalité, etc.

Réflexion.

Les citoyens ne doivent voir que les vertus et les talents pour choisir leurs conseillers.

Lecture.

La mairie, le conseil municipal, l'état civil. (BRUNO, *Enfants de Marcel*, page 120. — Belin frères, éditeurs.)

3. — LE CANTON. — LE CHEF-LIEU DE CANTON.

LECTURE

Une question de Jean l'espiègle. — « Allons, Jean, que dis-tu encore en ce moment à ton camarade, demandait M. Vasseur à celui des élèves que tous appelaient l'espiègle, à cause de son esprit éveillé, fin et subtil ; ta langue remue encore ; mais je doute fort que ce soit pour t'instruire.

— Pardon, M. Vasseur, je demande à Louis comment s'appelle le magistrat qui administre le canton et quel nom porte l'assemblée qui est chargée de gérer ses biens et de défendre ses intérêts ; on ne me l'a pas dit comme pour la commune.

— Mon ami, reprit M. Vasseur, si on ne te l'a pas dit, c'est parce que le canton n'est qu'une simple division territoriale sans administration propre, sans propriétés et sans budget.

Le canton, en effet, ne possède rien ; il ne peut ni acheter, ni vendre ; et la commune qui porte le nom de chef-lieu de canton est administrée absolument comme les autres par son maire et son conseil municipal.

— Mais alors, pourquoi a-t-on créé des cantons et des chefs-lieux de cantons ? reprit Jean dont la curiosité ne faisait qu'augmenter.

— C'est tout simplement pour faciliter certains services et les rendre moins coûteux. Ainsi, au lieu d'avoir pour chaque commune des fonctionnaires qu'il faudrait payer, il n'y a, pour toutes les communes d'un canton, qu'un percepteur pour assurer la rentrée des impôts, un receveur d'enregistrement pour recevoir les droits de timbres et autres, un agent-voyer pour veiller à l'entretien des chemins vicinaux, un juge de paix pour rendre la justice et une brigade de gendarmerie, rarement deux, pour maintenir l'ordre public. Comme tu le vois, l'État organise les divers services en faisant le moins de dépenses possible.

— Et il a raison, ajouta Jean ; il agit comme un bon père de famille qui ménage les intérêts de ses enfants. Je comprends à présent pourquoi on a groupé les communes par cantons. »

Questionnaire.

I. Pourquoi le canton n'a-t-il pas, comme la commune, une assemblée et un magistrat pour l'administrer?

II. Y a-t-il une utilité quelconque à réunir les communes en cantons? Pourquoi?

III. Quels sont les fonctionnaires qui résident ordinairement au chef-lieu de canton?

IV. De quel canton votre commune fait-elle partie? Citez toutes les communes de votre canton.

RÉSUMÉ (à réciter).

1. — Le canton est formé par la réunion de plusieurs communes. Une grande ville peut, à elle seule, former un ou plusieurs cantons.

2. — Notre canton comprend les communes de ...., de ...., de..... La commune la plus importante donne ordinairement son nom au canton et prend le titre de chef-lieu.

3. — Le canton nomme un conseiller général et un conseiller d'arrondissement tous les six ans.

4. — Au chef-lieu de canton résident : le juge de paix, l'agent-voyer, le percepteur, le receveur de l'enregistrement, les gendarmes.

5. — Le canton n'a ni chef, ni assemblée ; car il n'a pas d'administration propre. Il n'a pas de propriétés, pas de recettes ni dépenses particulières et par conséquent pas de budget.

6. — C'est au chef-lieu que se fait la révision des conscrits et qu'on passe l'examen du certificat d'études primaires.

Réflexion.

Il ne faut pas limiter à son canton l'amour de la patrie.

Lecture.

Le certificat d'études au chef-lieu de canton. (PIERRE et MINET, *Cousin Jacques*, page 304. — Nathan, éditeur.)

4. — L'ARRONDISSEMENT. — LE CHEF-LIEU D'ARRONDISSEMENT. — LE SOUS-PRÉFET. — LE CONSEIL D'ARRONDISSEMENT.

LECTURE

« Comment, papa, te voici déjà levé ? disait Henri à son père, un certain jeudi.

— Mais oui, mon enfant ! je dois me trouver au tribunal civil du chef-lieu d'arrondissement vers dix heures du matin et je n'ai pas une minute à perdre.

— Qu'est-ce donc que le tribunal civil dont tu parles assez souvent depuis quelque temps ? je ne te comprends pas.

— Le tribunal civil est le tribunal judiciaire de l'arrondissement; au greffe on peut obtenir les extraits des différents actes de l'état-civil de toutes les communes de l'arrondissement et une foule de renseignements administratifs.

— Alors, c'est aussi la mairie du chef-lieu d'arrondissement ?

— Non, Henri, car chacun d'eux a encore sa mairie et son conseil municipal qui l'administre et défend ses intérêts comme cela a lieu pour notre petit village. Au chef-lieu d'arrondissement il y a en outre un sous-préfet assisté d'un conseil d'arrondissement. Ce sous-préfet sert d'intermédiaire entre le préfet et les maires de l'arrondissement, et le conseil d'arrondissement, qui le seconde, répartit entre les différentes communes de l'arrondissement, et selon leur importance, les impôts directs qu'elles auront à payer à l'Etat ; de plus il émet des vœux pour les affaires intéressant la région.

— Quelle belle organisation, dit Henri, et comme tout est bien fait en France, on a raison de dire que c'est le pays de la justice et de l'égalité. »

Questionnaire.

I. Pourquoi le père d'Henri était-il forcé de se rendre au chef-lieu d'arrondissement ?

II. Quelles institutions et quels fonctionnaires trouve-t-on au chef-lieu d'arrondissement ?

III. Quelles sont les attributions du conseil d'arrondissement ?

IV. De quel arrondissement êtes-vous ? Citez tous les cantons de votre arrondissement.

RÉSUMÉ (à réciter).

1. — Un arrondissement est la réunion de plusieurs cantons ; c'est une division administrative intermédiaire entre la commune et le département.

2. — Il n'a pas de budget, n'ayant ni recettes, ni dépenses particulières.

3. — Notre arrondissement comprend les cantons de ...., de ...., de ...., etc. Le chef-lieu d'arrondissement est généralement la ville la plus importante ; c'est là que réside le sous-préfet.

4. — Le sous-préfet sert d'intermédiaire entre les maires et le Préfet. Il est assisté, dans son administration, d'un conseil d'arrondissement élu par le suffrage universel.

5. — Le conseil d'arrondissement est chargé de répartir entre les communes les contributions directes mises à la charge de l'arrondissement ; il émet des vœux sur les besoins des communes.

6. — L'arrondissement est aussi une circonscription judiciaire ayant son tribunal, appelé Tribunal de première instance, qui prend le nom de Tribunal civil s'il juge en matière civile, et celui de Tribunal correctionnel s'il juge les délits. (*Voir au mois de juin.*)

Réflexion.

Les arrondissements sont au département ce que les doigts sont à la main.

Lecture.

L'arrondissement. (CUISSART, *Lecture courante*, page 51. — Alcide Picard, éditeur.)

COMPOSITIONS FRANÇAISES

I. — Dites ce que vous savez sur l'origine des communes. — Citez plusieurs exemples qui montrent combien nos ancêtres ont eu à lutter pour obtenir la reconnaissance de leurs droits communaux par les seigneurs féodaux.

II. — Par qui le maire est-il élu ? — Dites quelles sont ses attributions : 1° comme représentant de la commune et officier de l'état-civil ; 2° comme agent du gouvernement.

III. — Vous avez été faire une promenade à votre chef-lieu de canton ; racontez-la. — Dites quelques mots sur chacun des édifices nationaux que vous y avez remarqués et sur les attributions des fonctionnaires qui y résident.

IV. — Un de vos amis, qui habite dans le midi de la France, vous a écrit pour vous demander quels sont les différentes cultures et les principaux établissements industriels de votre arrondissement. Vous lui répondez en lui donnant tous les renseignements qu'il désire.

MOIS D'AVRIL

ADMINISTRATION DE LA FRANCE
POUVOIRS PUBLICS
POUVOIR LÉGISLATIF

1. — Le département. — Le chef-lieu du département.
2. — Le Préfet. — Le conseil général.
3. — Pouvoirs publics. — Pouvoir législatif : Chambre des députés.
4. — Pouvoir législatif : Sénat. — Attributions du parlement.

Révision mensuelle.

1. — LE DÉPARTEMENT
LE CHEF-LIEU DU DÉPARTEMENT

LECTURE

Un petit garçon intrigué. — « Tiens, André, porte cette lettre à la poste, disait M. Roger à son fils aîné. »

André partit ; mais chemin faisant, il remarqua que l'enveloppe portait au bas le mot Somme.

Intrigué, l'enfant se creusait la tête et se demandait pourquoi son père avait écrit ce mot et ce qu'il voulait dire.

Rentré chez lui, il ne put contenir plus longtemps sa curiosité et demanda des explications.

« Le mot Somme, répondit le père, indique que ma lettre doit aller dans telle région de la France et non dans telle autre.

La France, en effet, a été morcelée pour les différents besoins administratifs en 87 parcelles dont chacune s'appelle un département. C'est en 1789 que cette division s'est faite ; mais depuis il y a eu quelques changements.

Ainsi en 1808, plusieurs cantons appartenant à six départements différents ont adressé une pétition au gouvernement pour constituer un nouveau département, qui a été celui de Tarn-et-Garonne.

La pétition disait avec raison que les habitants de ces cantons étaient trop éloignés des chefs-lieux de leurs départements ; que le voyage pour s'y rendre était long et coûteux ; que leurs intérêts étaient en souffrance.

Le nombre des départements varie aussi suivant les accroissements ou diminutions territoriales qui peuvent se produire. Exemple : annexion de la Savoie, de la Haute-Savoie et des Alpes-Maritimes en 1860 ; formation du département de Meurthe-et-Moselle avec les parties restées françaises de la Meurthe et de la Moselle après la guerre de 1870, qui nous enleva également le Bas-Rhin et le Haut-Rhin.

Tu as bien fait de me questionner sur ce que tu ne comprenais pas, dit le père à André ; c'est en demandant le pourquoi des choses, qu'on se rend compte de leur utilité et qu'on s'instruit. »

Questionnaire.

I. Pourquoi André était-il intrigué du nom Somme écrit au bas de l'enveloppe ? Auriez-vous pu le renseigner vous-mêmes ?

II. Etait-il utile de diviser la France en 86 départements ? Ne valait-il pas autant conserver la division en provinces ?

III. Indiquez les remaniements territoriaux qui ont eu lieu en France depuis 1789. Quels en furent les motifs ?

IV. Quel département habitez-vous ? Citez : 1° les arrondissements qui le forment ; 2° les départements qui l'entourent.

RÉSUMÉ (à réciter).

1. — Le département est formé par la réunion de plusieurs arrondissements. C'est la plus grande des divisions administratives de la France.

2. — Notre département comprend les arrondissements de ...., de ...., de ...., de ..... Il compte .... cantons et .... communes.

3. — Le département peut, comme la commune, posséder des biens, acheter, vendre, échanger, entretenir les routes, construire des édifices et se gouverner lui-même comme toute personne qui jouit de ses droits civils.

4. — Comme la commune, il a des recettes, des dépenses et des propriétés à lui ; il est donc nécessaire qu'il établisse un budget.

5. — Le département a un chef : le Préfet, et une assemblée, le conseil général. La ville la plus importante est le chef-lieu du département. C'est là que réside le Préfet et que se réunit le conseil général.

Réflexion.

La division en départements a contribué à faire de la France une nation ; car depuis il n'y a plus ni Normands, ni Flamands, ni Gascons, mais rien que des Français.

Lecture.

Le département. (PIERRE et LETRAIT, *Pour les Petits*, page 140. — Nathan, éditeur.)

---

2. — LE PRÉFET. — LE CONSEIL GÉNÉRAL.

LECTURE

Un Préfet courageux. — Pendant la guerre de 1870, plus d'un préfet s'est illustré par son courage civique. Outre la résistance à l'ennemi organisée par le préfet de Saint-Quentin, nous devons rappeler l'histoire bien connue de M. Valentin, nommé en 1870 préfet du Bas-Rhin au moment où Strasbourg était assiégé par l'armée prussienne. Comment faire pour pénétrer dans la ville ? Valentin se déguisa et se procura le passeport d'un Américain qui lui ressemblait de visage. Il tâcha de se rapprocher des murailles de Strasbourg ; il fut pris par les Prussiens, fut relâché, repris, relâché encore avec ordre de quitter le pays dans douze heures ; puis il se cacha dans le quartier même du général allemand, au risque d'être fusillé,

Un soir, il se dirigea vers Strasbourg, franchit une tranchée, rampa dans un champ de maïs. Par malheur, le mouvement des tiges trahit sa présence ; balles et obus commencèrent à pleuvoir autour de lui.

Il arriva cependant au bord de la rivière, la traversa à la nage et, transi par le froid, cria aux sentinelles françaises de Strasbourg : *France ! France !*

On n'entendit pas, et il eut encore à subir les coups de fusil français. On le fit prisonnier et on le conduisit devant le général Uhrich. Valentin tira alors de sa manche, où il l'avait cousu, le décret qui le nommait préfet du Bas-Rhin.

C'est à travers tous ces périls que le représentant du gouvernement français parvint à prendre possession de son poste.

Ce n'est pas seulement en face des ennemis que le préfet doit donner l'exemple du courage. Il doit aussi être présent lorsque quelque sinistre survient. Il doit organiser la lutte contre les incendies, les inondations, les tremblements de terre, toutes les catastrophes publiques. BRUNO.

Enfants de Marcel. — Belin frères, éditeurs.

Questionnaire.

I. Que fit le préfet Valentin pour ne pas être reconnu en traversant l'armée prussienne ?

II. Montrez de quel courage il fit preuve pour surmonter les difficultés qu'il rencontra.

III. Pourquoi les Français le firent-ils prisonnier, et comment prouva-t-il qu'il n'était pas un espion ?

IV. Quelles sont les nombreuses attributions du préfet ? Par qui est-il aidé ?

RÉSUMÉ (à réciter).

1. — Le Préfet est à la fois le représentant du gouvernement, l'administrateur du département et le tuteur des communes. Il joue dans le département un rôle semblable à celui du maire dans la commune.

2. — Comme agent ou représentant du gouvernement, il fait publier et exécuter les lois, décrets et arrêtés ministériels et est chargé de maintenir l'ordre public.

3. — Il commande aux sous-préfets et aux maires. Il

est le supérieur de tous les fonctionnaires du département et en nomme un grand nombre au nom de l'État.

4. — Il est assisté dans ses nombreuses attributions par un secrétaire général, qui le remplace en cas d'absence et surveille les bureaux, et par un conseil de préfecture composé de 3 à 5 membres, qui juge les réclamations en matière d'impôt et d'élections communales.

5. — Comme administrateur du département, il fait exécuter les décisions du conseil général et prépare avec lui le budget départemental.

6. — Comme tuteur des communes, il examine les délibérations des conseils municipaux, les approuve ou les annule ; il vérifie les budgets communaux, les rectifie s'il y a lieu, en annulant certaines dépenses ou recettes.

7. — Le conseil général est l'assemblée chargée de veiller aux intérêts généraux du département. Ses attributions sont très nombreuses.

8. — Il répartit les contributions directes entre les arrondissements ; il prépare et vote le budget départemental ; il formule des vœux et examine ceux des conseils d'arrondissement.

Réflexion.

Tout administrateur public a droit au respect des citoyens.

Lecture.

Félix Lecoulteux, préfet de Dijon. (BRUNO, *Enfants de Marcel*, page 137. — Belin frères, éditeurs.)

---

3. — POUVOIRS PUBLICS.
POUVOIR LÉGISLATIF : CHAMBRE DES DÉPUTÉS

LECTURE

Robert veut savoir. — « Père, dit Robert, pourquoi colle-t-on en ce moment tant d'affiches de toutes couleurs dans les différents quartiers du village ?

— Mon enfant, c'est parce que bientôt on va voter pour renouveler la Chambre des députés.

— Et cela a lieu souvent, père ?

— Tous les quatre ans, mon enfant. Ce temps est suffisant pour permettre aux électeurs d'apprécier leurs mandataires et de ne plus les renommer s'ils n'en sont point satisfaits.

La nomination des députés est chose très importante, car ce sont eux qui font les lois. Le devoir de chaque électeur est de voter pour le candidat qu'il croit le plus capable de rendre service à l'Etat. Avec des députés instruits et honnêtes, on a toute chance d'avoir des lois bonnes et sages, et alors le pays est heureux et prospère : les députés décident du sort de la patrie.

— Et c'est donc bien difficile de faire de bonnes lois?

— Tellement difficile, Robert, que pour être plus sûr d'avoir des lois justes et sages, on fait examiner les projets de lois successivement par deux assemblées : la Chambre des députés et le Sénat, qui tâchent de se mettre d'accord. Ces deux assemblées exercent ce qu'on appelle le pouvoir législatif et forment le Parlement.

— Ils agissent donc comme vous et mère lorsque vous discutez les affaires de la maison avant de prendre une décision ?

— C'est bien cela, Robert, et de leurs discussions, comme de celles que j'ai parfois avec ta mère, sortent les solutions les plus satisfaisantes. »

Questionnaire.

I. Comment les électeurs peuvent-ils apprécier leurs mandataires?

II. Est-il important de choisir de bons députés ? Pourquoi ?

III. Y a-t-il beaucoup de députés en France? Par qui et pour combien de temps sont-ils nommés?

IV. De quoi est chargé : 1° le pouvoir législatif; 2° le pouvoir exécutif ; 3° le pouvoir judiciaire ?

RÉSUMÉ (à réciter).

1. — Nous sommes régis par la Constitution de 1875 qui a organisé la République.

2. — Cette Constitution établit trois pouvoirs pu-

blics dont l'administration est confiée directement ou indirectement aux élus de la nation.

3. — Ces pouvoirs sont nettement séparés, ce sont :

1° Le pouvoir *législatif*, chargé de faire des lois ;

2° Le pouvoir *exécutif*, qui fait exécuter, appliquer les lois ;

3° Le pouvoir *judiciaire*, qui juge les infractions aux lois et prononce les condamnations.

4. — Le pouvoir de faire des lois appartient au Parlement, c'est-à-dire à la Chambre des députés et au Sénat.

5. — Les députés, au nombre de 600 environ, sont élus pour 4 ans par tous les citoyens français âgés d'au moins 21 ans et jouissant de leurs droits civils et politiques.

6. — Chaque arrondissement nomme un député. Les arrondissements qui comptent plus de cent mille habitants en nomment un de plus par cent mille ou fraction de cent mille.

7. — Il faut être électeur et être âgé de 25 ans au moins pour pouvoir être élu député.

Réflexion.

« Ce n'est pas le bruit, mais le bien qu'elle fait, qui constitue la gloire d'une assemblée. »

Lecture.

Un député courageux : Lanjuinais. (COMPAYRÉ, *Instruction morale et civique*, page 105. — Delaplane, éditeur.)

---

4. — POUVOIR LÉGISLATIF : LE SÉNAT LES ATTRIBUTIONS DU PARLEMENT

LECTURE

Utilité du Sénat. — Thomas Jefferson, partisan d'une Chambre unique, est un soir invité à souper chez Washington qui en voulait deux. On sert le thé. Au moment où Jefferson s'apprête à verser dans la soucoupe une partie du liquide bouillant, Washington l'arrête et lui dit : « Qu'allez-vous faire ? — Mais, répond l'autre, je vais, comme c'est l'usage, verser une partie de mon thé dans ma soucoupe pour le faire refroidir; je ne saurais l'avaler bouillant. — Il vous faut donc deux tasses, car votre soucoupe vous sert ici de seconde tasse ; vous ne pouvez, sans inconvénient, boire votre thé dans la première ? — Sans doute ! répond Jefferson, de plus en plus étonné ; c'est le moyen de ne pas me brûler... — Eh bien, réplique Washington, c'est pour cette raison que nous voulons deux Chambres. La prudence défend de faire avaler au peuple une loi qui sort toute bouillante des délibérations passionnées des députés. Il faut qu'elle ait le temps de se refroidir en passant par une autre Chambre. » JOSEPH FABRE.

Lectures morales et littéraires de FORSANT et MORIN, p. 240. — Juven, éditeur.

Questionnaire.

I. Cette question de Washington : « Qu'allez-vous faire? » était-elle vraiment utile ? — Pourquoi non ?

II. Que voulait-il prouver à Thomas Jefferson en lui demandant toutes ces explications ?

III. Y a-t-il beaucoup de sénateurs en France ? — Par qui et pour combien de temps sont-ils nommés ?

IV. Le Parlement (Chambre des députés et Sénat réunis) n'a-t-il pas d'autres attributions que de faire des lois ? — Lesquelles ?

RÉSUMÉ (à réciter).

1. — Les sénateurs, au nombre d'environ 300, sont élus pour 9 ans par les délégués des communes, par les députés, les conseillers généraux et les conseillers d'arrondissement.

2. — Pour être élu sénateur, il faut être électeur et être âgé de 40 ans au moins.

3. — Le Sénat est renouvelable par tiers tous les trois ans, par ordre alphabétique des départements.

4. — La Chambre des députés siège au Palais-Bourbon et le Sénat au palais du Luxembourg à Paris. Ces deux assemblées font les lois après les avoir discutées séparément et s'être mises d'accord sur les termes mêmes de ces lois.

5. — Les députés et les sénateurs votent chaque année la loi des finances ou budget. Ils contrôlent

les actes du pouvoir exécutif et peuvent renverser le Ministère par un vote de défiance.

6. — Réunis en Congrès ou Assemblée nationale, ils nomment le Président de la République pour sept ans.

7. — Le Sénat peut se constituer en haute-cour de justice pour juger toute personne accusée d'attentat contre la sûreté de l'Etat. Il peut aussi juger le Président de la République ou les ministres pour crime de haute trahison.

8. — La Chambre des députés peut être dissoute, sur la proposition du Président de la République, par la majorité des sénateurs.

Réflexion.

Les Assemblées doivent toujours s'inspirer des leçons de l'histoire.

Lecture.

Comment se fait une loi. (COMPAYRÉ, *Instruction morale et civique*, page 103. — Delaplane, éditeur.)

COMPOSITIONS FRANÇAISES

I. — **Votre département.** — 1. Aspect. Climat. — 2. Productions et industries. — 3. Principales villes. — 4. Habitants. Leur caractère. — 5. Faits historiques.

II. — **Le préfet.** — Ses attributions, 1° comme représentant du gouvernement, 2° comme administrateur du département, 3° comme tuteur des communes.

III. — **Le pouvoir législatif.** — Chambre des députés et Sénat. — Modes d'élection. — Durée des mandats. — Attributions.

IV. — Importance du choix des députés et des sénateurs pour le pays. — Devoir des citoyens au point de vue électoral. — Dans un pays libre de suffrage universel, les citoyens ont les lois qu'ils veulent.

MOIS DE MAI

POUVOIR EXÉCUTIF

1. — Pouvoir exécutif : Le Président de la République et les ministres.
2. — Différents ministères. — Intérieur. — Finances. — Instruction publique. — Justice.
3. — Différents ministères. — Agriculture. — Commerce et Industrie. — Travaux publics. — Travail.
4. — Différents ministères. — Affaires étrangères. — Guerre. — Marine. — Colonies. — Beaux-Arts. -- Postes et Télégraphes.

Révision mensuelle.

1. — POUVOIR EXÉCUTIF : LE PRÉSIDENT DE LA RÉPUBLIQUE ET LES MINISTRES

LECTURE

Le Président Carnot. — En 1894 mourut à Lyon, sous le poignard d'un misérable assassin, l'un des plus dignes représentants de la France, Sadi-Carnot.

Porté d'une manière imprévue à la magistrature suprême, il travailla sans relâche pendant près de sept ans au bien du pays; il s'appliqua à faire aimer la République en désarmant, par son sourire aimable et loyal, jusqu'aux plus profondes rancunes, en se prodiguant à tous dans ses voyages sans fin. Entouré de la considération européenne, il attacha son nom à des actes d'heureux présages pour l'avenir du pays; quelques mois encore, et il allait rentrer dans le repos auquel il aspirait.

Il tomba sans motif imaginable, sans avoir fait à

qui que ce soit la plus légère blessure, victime d'un dévouement que la maladie n'a pas affaibli, victime de cet excès de confiance auquel l'homme droit et bon s'accoutume si vite.

Le monde entier le pleura. La République lui fit des funérailles nationales et lui décerna les honneurs du Panthéon.

Ce tragique événement n'ébranla pas nos institutions. Il n'y eut aucun trouble, et la Chambre des députés et le Sénat, réunis en congrès à Versailles, nommèrent Président M. Casimir-Périer qui se démit peu après de ses fonctions.

Depuis lors d'autres ont passé et plusieurs, à l'expiration de leur mandat dont la durée est de sept ans, ont quitté le pouvoir, imitant l'abnégation de Washington, président des Etats-Unis d'Amérique, qui redevint simple cultivateur après avoir donné, pendant sa magistrature, l'exemple des plus hautes vertus civiques.

Questionnaire.

I. Dites ce que vous savez sur Sadi-Carnot Président de la République.

II. Quel sens attribuez-vous à ces mots : « Il tomba victime de son dévouement et de son excès de confiance? »

III. Nos institutions sont-elles ébranlées par la mort ou le départ d'un Président de la République?

IV. Le rôle d'un Président de la République est-il plus important dans le pouvoir exécutif que celui des ministres?

RÉSUMÉ (à réciter).

1. — Le pouvoir exécutif, appelé souvent le Gouvernement, appartient au Président de la République et aux ministres.

2. — Le Président de la République est le premier magistrat du pays. Il représente la France entière. Tous les Français lui doivent le respect.

3. — Il promulgue les lois votées et veille à leur exécution. Il nomme aux emplois civils et militaires. Il choisit les ministres, reçoit les ambassadeurs, déclare la guerre avec l'assentiment des Chambres. Il a le droit de grâce pour les condamnés à mort, c'est-

à-dire qu'il peut changer cette peine en travaux forcés.

4. — Les ministres sont des fonctionnaires chargés des grandes administrations de la France, sous le contrôle des deux Chambres. Chaque ministre dirige une administration particulière.

5. — Les ministres préparent les recettes et dépenses de leur ministère et donnent au ministre des finances les indications pour l'établissement du budget.

6. — Ils élaborent des projets de loi pour les soumettre au Parlement. Ils sont responsables de leurs actes devant les Chambres.

7. — Si, par un vote, la Chambre n'approuve pas la façon de gouverner du ministère, les ministres démissionnent. On dit que le ministère est tombé. Il y a une crise ministérielle.

8. — Le Président de la République accepte généralement la démission des ministres et choisit dans le Sénat ou la Chambre des députés un homme politique capable de former un nouveau ministère.

Réflexion.

Les gouvernants doivent montrer l'exemple de toutes les vertus civiques.

Lecture.

Un changement de ministère. (COMPAYRÉ, *Eléments d'éducation civique et morale*, page 107. — Delaplane, éditeur.)

---

2. — DIFFÉRENTS MINISTÈRES. INTÉRIEUR. — FINANCES. INSTRUCTION PUBLIQUE. — JUSTICE.

LECTURE

Les critiques du père Antoine. — « Si j'étais le gouvernement, répétait souvent le père Antoine, je ferais ceci, je ferais cela.

— Ah ! vous feriez ceci, vous feriez cela, lui répondit un jour mon père. Si vous étiez le gouvernement, savez-vous ce que vous seriez, père Antoine? Eh bien, vous seriez à la fois le Président de la République et tous les ministres, qui exercent le pouvoir exécutif; tous les députés et les sénateurs qui font les lois, les magistrats qui rendent la justice; tous mes compliments! Si vous étiez le gouvernement, il vous faudrait une forte tête, et je serais curieux de voir comment vous feriez pour mener à bien des affaires aussi multiples et aussi différentes.

Vous qui, en trinquant au cabaret, critiquez si facilement nos gouvernants, je voudrais bien vous voir diriger seulement pendant une demi-journée le bureau du receveur des postes ou celui du percepteur; vous vous apercevriez bien vite qu'il est plus facile de parler que d'agir. Pour moi, devant une besogne qui s'étendrait à toutes les administrations de la France, je craindrais fort de perdre la tête. Aussi je m'abstiens de critiquer à la légère, comme vous le faites, père Antoine; mais il y a une chose que je fais et que vous pouvez faire, c'est de nommer à la Chambre des députés, et de faire nommer au Sénat, quand viennent les élections, des hommes capables et honnêtes qui savent choisir de bons ministres. »

Le père Antoine ne souffla mot; mais il a certainement mis à profit la leçon que mon père lui a donnée; car depuis on ne l'entendit plus faire ses critiques irréfléchies.

Questionnaire.

I. D'après la lecture que vous venez de faire, quels personnages composent le gouvernement?

II. Le père Antoine était-il à même de critiquer le gouvernement en toute connaissance de cause?

III. N'y a-t-il pas mieux à faire que de critiquer, dans un pays de suffrage universel?

IV. Savez-vous combien il y a généralement de ministres chargés de diriger les différentes administrations de la France? — Citez-les.

RÉSUMÉ (à réciter).

1. — Il y a en France ordinairement douze ministres et deux ou trois sous-secrétaires d'Etat.

2. — Le ministre de l'Intérieur veille au maintien de l'ordre public dans tout le pays. Il dirige les services de l'hygiène et de l'assistance publiques ; s'occupe des élections, des prisons, etc. C'est le chef des préfets et sous-préfets.

3. — Le ministre des finances prépare le budget de l'Etat, tient la comptabilité générale, assure la perception des impôts et le payement des dépenses. Il est le chef des trésoriers-payeurs généraux, des receveurs particuliers et des percepteurs.

4. — Le ministre de l'Instruction publique dirige l'enseignement public à tous les degrés et surveille l'enseignement libre. Il est assisté d'un conseil supérieur de l'Instruction publique. C'est le chef des recteurs, inspecteurs et instituteurs.

4. — Le ministre de la justice a la direction du pouvoir judiciaire. Il est le chef de tous les juges, depuis le juge de paix jusqu'au juge de la Cour de cassation. Il veille au fonctionnement de la justice et s'assure que les lois sont bien interprétées.

Réflexion.

Un peuple ignorant ne peut être libre. (LAKANAL.)

Lecture.

Les différents ministères. (BRUNO, *Enfants de Marcel*, page 206. — Belin frères, éditeurs.)

---

3. — DIFFÉRENTS MINISTÈRES. AGRICULTURE. — COMMERCE ET INDUSTRIE. TRAVAUX PUBLICS. — TRAVAIL.

LECTURE

Colbert. — Le plus illustre des ministres de Louis XIV, Colbert, était le fils d'un marchand de drap de Reims. Il avait pris, dans le commerce, des habitudes d'ordre, de travail et d'intègre probité, qu'il apporta plus tard dans les affaires publiques.

Il travaillait seize heures par jour, soutenu par

l'idée que c'était pour le bonheur du peuple et la gloire de la France. Il ne pouvait souffrir qu'on le dérangeât et qu'on lui fît perdre son temps. On l'appelait l'homme de marbre parce qu'il ne donnait à chacun que ce qui lui était dû sans se laisser fléchir par les menaces ou par les promesses.

Il fut un très bon ministre des finances. Il surveilla si bien ceux qui levaient les impôts qu'il leur fut impossible de voler l'Etat. Il paya une partie des dettes du royaume et il aurait fait de grandes économies, si le roi eût été moins prodigue.

Il aimait les pauvres gens ; il était touché de leur misère et voulait leur fournir tous les moyens de s'enrichir par le travail, dans l'agriculture, l'industrie et le commerce.

Lorsqu'un paysan, à la suite d'une mauvaise récolte, ne pouvait payer les impôts, on vendait tout ce qu'il possédait. Colbert défendit qu'on vendît sa charrue, ses bœufs, ses instruments de labeur.

La France achetait au dehors une foule d'objets nécessaires. Il voulut qu'elle les fabriquât elle-même. Pour cela il fit venir en France des ouvriers étrangers et acheta leurs secrets de fabrication. Il créa la manufacture des Gobelins (tapisseries), celle de Sèvres (porcelaine), celle de Saint-Étienne (armes), les fabriques de drap d'Abbeville, de Sedan et d'Elbeuf, les fabriques de savon de Marseille.

Pour faciliter le commerce, il fit de nouvelles routes et des canaux, entre autres, le canal du Midi, appelé aussi canal des Deux-Mers parce qu'il fait communiquer l'Océan avec la Méditerranée.

Nous n'avions presque pas de bateaux. C'étaient les vaisseaux hollandais qui nous apportaient les produits étrangers et faisaient même le commerce entre nos ports. Colbert encouragea les armateurs français qui construisirent beaucoup de navires de commerce.

Il voulut que la France eût des colonies dans toutes les parties du monde. Il créa des comptoirs au Canada, aux Antilles, au Sénégal, dans l'Inde. Si nous sommes aujourd'hui une des plus grandes puissances coloniales du monde, c'est à Colbert que nous le devons.

Pour faire respecter le drapeau de la patrie sur tous

les points du globe, il fit construire plus de deux cents beaux vaisseaux de guerre qui formèrent la flotte la plus redoutable du monde.

En un mot, Colbert fut l'un des plus grands hommes qui aient gouverné la France.

Questionnaire.

I. Racontez l'origine de Colbert et dites quelles étaient les qualités dominantes de ce ministre.

II. Que fit Colbert pour les finances ? pour l'agriculture ? pour l'industrie ? pour le commerce ? pour la marine et les colonies ?

III. Un seul ministre pourrait-il encore s'occuper de tout ce que faisait Colbert ? Pourquoi non ?

IV. Le chef de l'Etat peut-il disgracier les ministres comme le faisaient les rois ? Si non, qui peut les faire tomber ?

RÉSUMÉ (à réciter).

1. — Le ministre de l'agriculture défend les intérêts des cultivateurs. Il encourage l'agriculture en organisant des concours agricoles pour perfectionner les races d'animaux domestiques et les machines agricoles. Il dirige l'enseignement dans les écoles d'agriculture et exploite les forêts de l'Etat.

2. — Le ministre du commerce et de l'industrie protège le commerce par des droits de douane sur les marchandises étrangères. Il favorise le travail national. Il prépare les traités de commerce avec les autres nations.

3. — Le ministre des travaux publics est chargé de l'exécution et de l'entretien des grands travaux d'utilité générale tels que : routes, voies ferrées, canaux, ports, édifices et monuments nationaux. Il est le chef des fonctionnaires des Ponts et Chaussées.

4. — Le ministre du travail s'occupe de tout ce qui touche aux lois ouvrières. Il contrôle le fonctionnement des syndicats professionnels. Il est le chef des inspecteurs du travail. Il est assisté d'un conseil supérieur du travail. Il dirige l'organisation du crédit ouvrier, des conseils de prud'hommes.

Réflexion.

Un bon ministre, un Colbert, un Turgot, vaut mieux pour un pays que cent bonnes récoltes.

Lecture.

Le ministre Sully. (LAVISSE, 1re *année d'histoire*, page 71. — Colin, éditeur.)

---

4. — DIFFÉRENTS MINISTÈRES. — AFFAIRES ÉTRANGÈRES. — GUERRE. — MARINE. — COLONIES. — BEAUX-ARTS. — POSTES ET TÉLÉGRAPHES.

LECTURE

Un ministre de la guerre : CARNOT (1793). — Carnot, dans la terrible année de 1793, fut le véritable ministre de la guerre de la Révolution française.

La République avait à lutter contre la coalition de presque toute l'Europe. Plus de 350.000 hommes envahissaient nos frontières.

Carnot sut faire face à tous les périls. Le 11 août 1793, il alla de sa personne inspecter l'armée du Nord. Par la sûreté de son coup d'œil, par l'habileté de ses plans, il sut obtenir des miracles d'une armée qui n'avait ni équipement, ni habillements, ni matériel de guerre.

Carnot aimait tant son pays, il avait un si ardent désir d'assurer le salut de la France, qu'il réussit à la sauver.

Il observait tout, il étudiait tout. Entouré de cartes et de plans, il devinait les mouvements de l'ennemi.

Il connaissait les officiers de tout grade qu'il employait. Il savait par suite écarter les chefs incapables, pour mettre à leur place les officiers d'avenir, qu'il faisait quelquefois passer des derniers rangs aux premiers.

C'est ainsi qu'il distingua, qu'il devina Jourdan, le vainqueur de Watignies et de Fleurus, Hoche, le commandant de l'armée de Sambre-et-Meuse.

De son inspection de l'armée du Nord il revint à Paris, et là, pendant une année, du fond de son cabinet, il dirigea la campagne, il organisa la victoire.

Il rédigeait les plans que les généraux exécutaient. Il correspondait de sa main avec quatorze armées.

Et après tant de grandes choses accomplies pour la France, Carnot ne demanda pour lui-même aucune récompense. Il acheva sa vie dans l'étude, et mourut pauvre. COMPAYRÉ.

Éléments d'éducation morale et civique. — Delaplane, éditeur.

Questionnaire.

I. Pourquoi dit-on qu'en 1793 Carnot agit comme un véritable ministre de la guerre?

II. Serait-il encore possible à un ministre de la guerre de connaître par lui-même les officiers de tout grade de l'armée française? Pourquoi non?

III. De quoi s'occupe, selon vous, le ministre des affaires étrangères?

IV. Citez les différents fonctionnaires qui dépendent du ministère des postes et télégraphes.

RÉSUMÉ (à réciter).

1. — Le ministre des affaires étrangères est chargé des relations de la France avec les pays étrangers. Il est le chef de la politique extérieure ; il a sous ses ordres les ambassadeurs et les consuls.

2. — Le ministre de la guerre a la mission d'organiser l'armée. Il est chargé de la défense du territoire. Il est le chef de tous les généraux. Il est assisté d'un conseil supérieur de l'armée qui établit les plans de mobilisation et fait construire les forts nécessaires à la défense des frontières.

3. — Le ministre de la marine assure la défense des côtes. Il protège le commerce français dans toutes les parties du monde avec des navires qui sillonnent toutes les mers. Il est le chef des amiraux. Il surveille la construction des cuirassés, croiseurs, torpilleurs, sous-marins, etc.

4. — Le ministre des colonies dirige l'administration de toutes nos possessions dans les autres parties du monde. Il est le chef des gouverneurs et des rési-

dents dans nos colonies. Il organise des missions pour explorer des pays encore inconnus.

6. — Les Postes et Télégraphes et les Beaux-Arts sont rattachés à d'autres ministères et administrés par des sous-secrétaires d'Etat.

Réflexion.

Le citoyen s'honore en honorant ses gouvernants, puisque c'est lui qui les choisit.

Lecture.

Le facteur au jour de l'an. (TOUTEY, *Lectures primaires*, page 14. — Hachette, éditeur.)

COMPOSITIONS FRANÇAISES

I. — Le Président de la République. — Son élection — la durée de ses pouvoirs — ses attributions. — Les Présidents de la République depuis 1870. — Différence entre un Président et un roi.

II. — Dites ce que vous savez des ministres : nombre — nomination — importance et étendue de leurs attributions respectives. — Pourquoi ils assistent aux séances de la Chambre des députés et du Sénat.

III. — Dites ce qu'il faut écrire sur l'enveloppe d'une lettre pour qu'elle arrive à destination. Décrivez le timbre-poste. Racontez le voyage d'une lettre en disant dans quelles mains elle doit passer.

IV. — Dites ce que vous savez sur Colbert. — Services qu'il a rendus à la France dans les finances, l'agriculture, l'industrie, le commerce, la marine et les colonies.

MOIS DE JUIN

POUVOIR JUDICIAIRE

1. — Pouvoir judiciaire. — La justice autrefois et aujourd'hui.
2. — Différents tribunaux. — Justice de paix. — Tribunal de première instance.
3. — Différents tribunaux. — Cour d'appel. — Cour de cassation. — Cour d'assises.
4. — Tribunaux spéciaux.
Révision mensuelle.

1. — POUVOIR JUDICIAIRE. LA JUSTICE AUTREFOIS ET AUJOURD'HUI

LECTURE

Une erreur judiciaire irréparable. — Une fois il arriva qu'un bourgeois de Paris accusa sa servante de lui avoir volé plusieurs pièces d'argenterie. La malheureuse fille fut livrée à la justice. Soumise aux tortures de la question, qui était alors le principal moyen employé pour l'interrogatoire des accusés, elle avoua, pour échapper aux tourments, qu'elle était l'auteur du vol. Elle fut condamnée à être pendue en place de Grève. La condamnée, malgré l'aveu que lui avait arraché la douleur, protesta obstinément de son innocence, mais la sentence reçut son exécution.

Six mois plus tard, les pièces d'argenterie se retrouvèrent sous un vieux toit qu'on réparait, dans un creux du mur, où une pie familière de la maison les avait cachées avec beaucoup d'autres objets.

MULLER.

La morale en action. — Hetzel, éditeur.

Questionnaire.

I. De nos jours un accusé subit-il encore des tortures pendant son interrogatoire? Que résultait-il de ces tortures?

II. Peut-on condamner quelqu'un sans preuves suffisantes?

III. La condamnation varie-t-elle selon le rang de l'accusé ou le département qu'il habite?

IV. Quelles peines infligeait-on autrefois aux condamnés? — Ces peines sont-elles encore aussi cruelles aujourd'hui?

RÉSUMÉ (à réciter).

1. — Le pouvoir judiciaire, 3e division des pouvoirs publics, est chargé de faire respecter les lois et de rendre la justice.

2. — La justice est rendue dans les tribunaux par les magistrats qui interprètent la loi et appliquent les condamnations à tous les coupables sans distinction de fortune ni de rang.

3. — Les tribunaux civils règlent les désaccords entre les particuliers; les tribunaux criminels jugent les violations de la loi.

4. — Les actes que la loi punit sont rangés en trois catégories : les contraventions, les délits, les crimes.

Autrefois.	Aujourd'hui.
5. — Avant 1789, la justice n'était pas égale pour tous.	5. — Aujoud'hui tous les citoyens sont égaux devant la loi.
6. — Elle était cruelle et barbare. On faisait souffrir les accusés pour leur arracher des aveux.	6. — Aujourd'hui elle est humaine. Nul accusé n'est reconnu coupable sans preuves ou sans aveu de sa part.
7. — Les coupables étaient condamnés à subir d'épouvantables souffrances qui amenaient la mort : bûcher, écartèlement, roue.	7. — Aujourd'hui les peines sont : l'amende, la prison, les travaux forcés, la mort sans souffrance.

Réflexion.

« La civilisation d'un peuple peut se mesurer à la manière dont la justice est administrée chez lui. »

Lecture.

La justice en France autrefois et aujourd'hui. (CALVET, *Lecture expliquée*, PROT, page 232. — Thorinaud, éditeur.)

---

2. — DIFFÉRENTS TRIBUNAUX. JUSTICE DE PAIX. TRIBUNAL DE PREMIÈRE INSTANCE.

LECTURE

Histoire d'un buveur. — Le père Briquet était bon ouvrier ; mais il avait un grand défaut, c'était d'aimer trop la boisson. Chaque soir il allait boire et jouer au cabaret et y dépensait l'argent qu'il avait gagné.

Bientôt la misère et la désolation régnèrent dans la maison jadis heureuse et riante.

Son premier châtiment fut de voir mourir un de ses enfants, faute d'argent pour le soigner.

Il jura de ne plus s'enivrer. C'était, hélas ! serment d'ivrogne.

Une première fois, il fut surpris dans les rues du village en état d'ivresse manifeste, conduit au poste par un sergent de ville, et condamné par le Tribunal de simple police à une amende de cinq francs.

Mais cela ne le corrigea point. Il récidiva au bout de quelque temps, et fut de nouveau condamné à la même amende. Enfin, comme un soir il s'était enivré plus que de coutume, et qu'il avait causé du scandale sur la place par ses cris et par ses gestes, il fut obligé de comparaître devant le *Tribunal correctionnel*, et puni d'une amende de 100 francs ainsi que d'un emprisonnement de 10 jours.

Le peu d'argent qui restait au logis fut employé à payer l'amende infligée à Briquet, et, pendant qu'il était en prison, sa femme et ses enfants furent réduits à aller mendier pour vivre. COMPAYRÉ.

Éléments d'éducation morale et civique. — Delaplane, éditeur.

Questionnaire.

I. Qu'arrive-t-il dans le ménage quand le père boit ce qu'il gagne ?

II. A quoi s'expose celui qui se met en état d'ivresse ?

III. S'en tire-t-on aussi facilement quand on cause du scandale en public ?

IV. Quelles sont les condamnations que peut prononcer le juge de paix ? — Quelles sont celles que peut infliger le tribunal correctionnel ?

RÉSUMÉ (à réciter).

1. — Le juge de paix est le magistrat qui préside le tribunal le moins important.

2. — Au civil il essaye de mettre d'accord les plaideurs et de leur éviter des procès ; s'il ne réussit pas, il juge les contestations qui lui sont soumises.

3. — Au criminel il juge les petits différends et punit les contraventions d'une peine qui ne peut dépasser 15 francs d'amende ou 5 jours de prison.

4. — Il est assisté d'un greffier, d'un commissaire de police et d'un huissier.

5. — Le tribunal de première instance, composé de trois juges dont un président et deux assesseurs, siège au chef-lieu d'arrondissement.

6. — C'est devant lui que sont portées pour la première fois les affaires graves, d'où le nom de tribunal de première instance.

7. — Au civil, il juge les contraventions importantes et prend le nom de tribunal civil. Au criminel il punit les délits d'une peine qui ne peut dépasser 2.000 francs d'amende ou 5 ans de prison ; il s'appelle alors tribunal correctionnel.

Réflexion.

Dans ses arrêts tout tribunal doit s'inspirer plutôt de douceur que de rigueur.

Lecture.

Un magistrat intègre. (LABOR, *Dictées et exercices français*, page 148. — Garnier frères, éditeurs.)

3. — DIFFÉRENTS TRIBUNAUX. — COUR D'APPEL. COUR DE CASSATION. — COUR D'ASSISES.

LECTURE

Histoire d'un buveur (*suite*). — Sorti de prison, Briquet se remit au travail, et pendant un certain temps on eût pu croire qu'il était corrigé de son triste défaut. Aussi l'aisance et la joie revinrent-elles vite dans le pauvre ménage.

Malheureusement cela ne dura pas longtemps.

Un soir que Briquet venait de toucher sa paye, il rencontra par malheur un de ses anciens camarades qui l'entraîna au cabaret, histoire dit-il de se divertir un brin avec les amis.

Une fois attablé à l'auberge, il perdit vite la conscience de ses actes. Il but, il but encore. Cette fois, son ivresse fut terrible et furieuse. Comme un de ses voisins de table l'agaçait par ses propos, Briquet se jeta sur lui, un couteau à la main, et, dans son délire, le tua.

Quelques mois plus tard, après de longs jours de *prison préventive*, il comparaissait devant la *Cour d'assises*, au chef-lieu du département, comme inculpé d'homicide.

L'*avocat* chargé de le défendre fit tout ce qu'il put pour le faire acquitter. Mais que répondre à *l'acte d'accusation*, aux dépositions des *témoins*, au réquisitoire du *Ministère public* ?

Aussi le *jury*, après une courte délibération, rapporta un verdict de culpabilité, mais avec admission de circonstances atténuantes. En conséquence, la Cour d'assises condamna Briquet à vingt ans de travaux forcés.

COMPAYRÉ.

Éléments d'éducation morale et civique. — Delaplane, éditeur.

Questionnaire.

I. Le tribunal correctionnel avait-il corrigé définitivement Briquet ?

II. Racontez la scène terrible provoquée par l'ivresse furieuse de Briquet.

III. Quelles furent les graves conséquences de cette scène tragique ?

IV. Expliquez ce qu'est le jury et ce que vous entendez par circonstances atténuantes.

RÉSUMÉ (à réciter).

1. — Les Cours d'appel, au nombre de 26 en France et une en Algérie, examinent à nouveau les jugements des tribunaux de première instance, les confirment ou les réforment.

2. — La Cour de cassation, qui siège à Paris, est au-dessus de tous les tribunaux. Elle se compose d'un président, de trois vice-présidents et de 45 conseillers.

3. — Elle examine si les jugements ou arrêts des autres tribunaux ont été rendus conformément à la loi. Elle peut casser ces jugements si la loi a été mal appliquée et renvoyer les affaires devant un autre tribunal.

4. — Ce contrôle exercé par la Cour de cassation garantit à tous les citoyens l'égalité devant la justice en obligeant les magistrats à appliquer les peines d'une façon uniforme pour les mêmes infractions à la loi.

5. — La Cour d'assises siège tous les 3 mois dans chaque département soit au chef-lieu, soit dans une autre ville.

6. — Elle est composée de trois juges et d'un jury formé de 12 jurés tirés au sort parmi les 36 du département.

7. — Elle juge les crimes. Le jury déclare si l'accusé est coupable ou innocent, et les juges appliquent les peines fixées par la loi.

Réflexion.

L'institution du jury est la garantie de toutes les libertés. (BÉRENGER.)

Lecture.

Condamnation de Dominique. (BRUNO, *Enfants de Marcel*, page 172. — Belin frères, éditeurs.)

4. — TRIBUNAUX SPÉCIAUX.

LECTURE

Un commerçant négligent. — M. Ducastel avait amassé une belle fortune en s'occupant activement de la filature qu'il avait entreprise. Son fils, qui avait toujours vu les affaires prospérer, voulut bien continuer; mais au lieu de s'occuper des achats et des ventes, de veiller à la fabrication et aux livraisons, il laissa tout pouvoir à un directeur incapable et à des voyageurs qui prenaient des commandes ou vendaient à tout prix.

Bientôt l'incurie la plus complète régna partout et les réclamations arrivèrent. Tantôt c'étaient des livraisons faites trop tard; tantôt c'était l'arrivée, chez les clients, de balles non conformes à celles demandées, et qu'on retournait.

M. Ducastel se fâcha contre ses clients qu'il traduisit à différentes reprises devant le Tribunal de commerce, au lieu de s'en prendre à ses employés, et toujours il fut condamné.

Bientôt il perdit la confiance de tous, et sa fortune fut vite ébranlée. Voulant la rétablir, il risqua les grands jeux d'argent, perdit, et acheva sa ruine en peu de temps.

Voilà à quoi conduisent l'insouciance, les procès et le jeu, fût-on millionnaire.

Questionnaire.

I. Que manquait-il à M. Ducastel fils pour continuer à faire prospérer la fabrique de son père?

II. Quel fut le résultat de l'incurie qui régnait dans ses affaires?

III. Où installe-t-on des tribunaux de commerce? — Quelles sont les affaires qu'ils ont à juger?

IV. Connaissez-vous d'autres tribunaux spéciaux? — Nommez-les et dites quels différends ils ont à traiter.

RÉSUMÉ (à réciter).

1. — En dehors de tous ces tribunaux qui jugent les affaires générales, il y a des tribunaux spéciaux

qui sont : Les tribunaux de commerce, les conseils de prud'hommes, les Conseils de guerre et le Conseil d'État.

2. — Le tribunal de commerce, établi dans les villes importantes, résout les affaires commerciales. Il est composé de négociants élus par les commerçants.

3. — Le conseil de prud'hommes, dans les villes industrielles, règle les rapports entre patrons et ouvriers et juge les désaccords qui peuvent se produire entre eux.

4. — Il est composé par moitié de patrons élus par les industriels de différentes catégories et d'ouvriers choisis par leurs camarades dans chaque profession.

5. — Les militaires qui commettent des fautes graves passent devant le Conseil de guerre qui peut les condamner à mort.

6. — Le Conseil d'Etat, composé de légistes et d'anciens administrateurs, donne son avis au Gouvernement sur l'interprétation des lois, examine les projets de lois soumis par le Président de la République, et élabore les règlements d'administration publique.

7. — C'est en outre un tribunal administratif suprême qui juge les pourvois formés contre les décisions des Conseils de préfecture, en matière d'impôts, d'élections, etc.

Réflexion.

Un mauvais arrangement vaut mieux qu'un bon procès.

Lecture.

Les procès autrefois et aujourd'hui. (BRUNO, *Francinet*, page 214. — Belin frères, éditeurs.)

COMPOSITIONS FRANÇAISES

I. — Dites ce que vous savez sur la justice en France autrefois et aujourd'hui et sur les peines infligées par elle.

II. — Que savez-vous des différents tribunaux dont vous avez entendu maintes fois parler? — Tribunal de simple police — Tribunal correctionnel — Cour d'assises — Cour d'appel — Cour de cassation — Tribunal de commerce.

III. — Racontez la vie d'un homme qui, de faute en faute et après avoir commis une légère contravention, puis un délit, a été condamné pour un crime à vingt ans de travaux forcés. — Vous conclurez.

IV. — Montrez, par un ou plusieurs exemples, qu'un mauvais arrangement vaut mieux qu'un bon procès.

MOIS DE JUILLET

RÉVISION GÉNÉRALE

OCTOBRE

I. — **Idée de l'Etat.**

Quand un peuple est organisé, a des lois communes, un même gouvernement, il prend le nom d'Etat. La Russie, l'Allemagne, l'Angleterre, la France, etc., sont des Etats.

II. — **Constitution. — Gouvernement. — Formes de gouvernement.**

La Constitution c'est le règlement d'un Etat, c'est-à-dire l'ensemble des lois fondamentales qui organisent, qui constituent le gouvernement d'un peuple. — Ce gouvernement peut être une monarchie (gouvernement d'un seul) ou une république (gouvernement du peuple par lui-même).

III. — **Liberté. — Egalité. — Fraternité.**

La liberté consiste à faire ce qui ne nuit pas à autrui. — Avant 1789 nous n'étions pas libres dans notre personne, dans notre travail, dans notre pensée. — Nous n'étions pas égaux en droits et en devoirs. — Nous ne jouissions pas des bienfaits de la fraternité qui a pour devise : Aimez-vous les uns les autres.

IV. — **La Révolution française. — La nation. — Le citoyen français.**

Le peuple français, fatigué de souffrir des injustices de l'ancien Régime, a changé la Constitution de la France en faisant une Révolution en 1789. — C'est depuis cette époque que notre pays est une nation et que les Français, unis pour la défense des institutions qu'ils venaient de se donner, sont devenus des citoyens au lieu d'être des sujets.

NOVEMBRE

I. — Les droits du citoyen : droits civils, droits politiques.

Les citoyens français jouissent : 1° de droits civils qui se rapportent à leur personne : liberté, égalité, droit de propriété ; 2° de droits politiques qui les concernent comme citoyens : droit d'être électeur et d'être élu.

II. — Droits civils : Liberté, égalité, propriété.

Les citoyens ont droit à la liberté individuelle, à la liberté de conscience et des cultes, à la liberté de la presse, à la liberté de travail et d'association. — Ils sont égaux devant la loi et peuvent arriver aux mêmes dignités. — Ils font l'usage qu'il leur plaît de leurs biens et de leurs revenus.

III. — Droits politiques : Souveraineté nationale ; suffrage universel.

Tous les citoyens ont le droit de choisir les représentants chargés d'administrer le pays ; ils ont aussi le droit d'être élus. Un peuple qui se gouverne par lui-même, au moyen de députés et sénateurs, est souverain, c'est ce qu'on appelle la souveraineté nationale.

IV. — Les listes électorales. — L'élection.

La liste électorale comprend les noms de tous les habitants de la commune âgés de 21 ans qui ont le droit de voter. Quelques jours avant l'élection, les citoyens reçoivent une carte d'électeur. Le jour du vote, ils portent leur bulletin au bureau électoral. Le candidat qui a plus de la moitié des voix est élu. S'il y a ballottage c'est celui qui a le plus de voix qui est élu.

DÉCEMBRE

I. — Obéissance aux lois.

Le devoir le plus impérieux des citoyens est l'obéissance aux lois que leurs représentants ont faites. Ces lois sont l'expression de la volonté nationale et tous doivent s'y soumettre même si certaines leur paraissent injustes.

II. — Obligation scolaire.— Instruction publique. — Enseignement primaire.

Les parents sont obligés de faire instruire leurs enfants. Pour cela ils doivent les envoyer à l'école de 6 à 13 ans ou leur donner l'instruction dans la famille. — L'enseignement primaire, seul obligatoire, est donné dans les écoles primaires et primaires supérieures. Il prépare au certificat d'études primaires élémentaires, au certificat d'études primaires supérieures, au brevet élémentaire, au brevet supérieur.

III. — Fréquentation scolaire. — Caisse des écoles.

Les parents qui n'envoient pas régulièrement leurs enfants à l'école peuvent être punis d'une amende. Pour assurer la fréquentation scolaire, on a créé dans chaque commune une caisse des écoles chargée de venir en aide aux enfants pauvres en leur assurant le nécessaire : vêtements, fournitures, etc.

IV. — Enseignement secondaire. — Enseignement supérieur.

L'enseignement secondaire, donné dans les lycées et collèges, prépare au baccalauréat, aux grandes écoles de l'État : polytechnique, centrale, normale supérieure, Saint-Cyr, etc. — L'enseignement supérieur, donné dans les facultés et les grandes écoles du gouvernement, forme des médecins, des juges, des avocats, des ingénieurs, des savants, etc. Il prépare à la licence, à l'agrégation, au doctorat.

JANVIER

I. — Force publique. — Gendarmerie, police.

La force publique comprend : 1° la gendarmerie et la police chargées de faire observer les lois, de maintenir l'ordre et d'arrêter les malfaiteurs; 2° l'armée qui doit défendre le pays contre les ennemis qui voudraient l'attaquer, et prêter main forte à la police en cas d'émeute.

II. — Armée : service militaire. — Discipline militaire.

Un pays qui veut être respecté et jouer un rôle dans le monde doit avoir une armée permanente forte et vaillante. Pour cela il est nécessaire de préparer les soldats à la discipline, au maniement des armes, aux fatigues et aux privations; d'où nécessité du service militaire.

III. — Recrutement de l'armée. — Recensement, conscription, révision. — Durée du service.

Les jeunes gens âgés de 19 ans sont inscrits chaque année sur les tableaux de recensement. Les conscrits sont examinés par le conseil de révision qui déclare s'ils sont bons ou non pour le service militaire. Tous les Français valides sont soldats de 20 à 48 ans; mais ils ne font que 3 ans de service actif à la caserne, et 3 périodes d'exercices de 23, 17 et 9 jours.

IV. — Armée de terre. — Armée de mer. — Armée coloniale.

Les troupes sont réparties en 3 armées différentes : 1° L'armée de terre qui comprend l'infanterie, la cavalerie, l'artillerie, le génie et l'aviation; 2° l'armée de mer composée de tous les navires de guerre avec leurs équipages, l'infanterie et l'artillerie de marine; 3° l'armée coloniale formée de l'infanterie, de la cavalerie et de l'artillerie coloniales dont les troupes comprennent des soldats indigènes commandés par des officiers français.

FÉVRIER

I. — Impôt. — Assiette de l'impôt. — Budget.

L'impôt est la somme payée annuellement par chacun au profit de tous. La répartition se fait de la façon la plus équitable entre tous les contribuables. Etablir le budget c'est faire le tableau des recettes et des dépenses de l'année. Quand les dépenses ne dépassent pas les recettes, le budget est équilibré.

II. — Contributions directes. — Perception.

L'impôt direct, qui comprend l'impôt foncier, la cote personnelle et mobilière, la contribution des portes et fenêtres et les patentes, est payé aux percepteurs. L'argent est versé par les percepteurs dans les caisses des receveurs particuliers, des trésoriers-payeurs-généraux qui l'envoient au ministère des finances.

III. — Contributions indirectes. — Impôts de consommation. — Monopoles de l'Etat.

Les impôts indirects sont ceux qui frappent certaines denrées telles que sucre, alcool, vin, etc., lors de leur fabrication et transport. Ces impôts sont payés en gros par les fabricants qui se font rembourser par les consommateurs en augmentant le prix de ces denrées.

On appelle monopole le droit que se réserve l'Etat de fabriquer et de vendre seul certaines marchandises, comme le tabac, les cartes, la poudre, les allumettes.

IV. — Droits de timbre et d'enregistrement. — Douane. — Octroi.

Les droits de timbre et d'enregistrement, perçus pour certains actes, ceux de douane perçus aux frontières pour protéger notre agriculture et notre industrie sont reconnus de toute utilité. Certaines villes ou villages importants sont autorisés à percevoir des droits d'octroi à l'entrée de leur territoire sur certaines marchandises. Ceux qui cherchent à se soustraire à tous ces droits sont des fraudeurs, qui font tort à tout le monde.

MARS

I. — Divisions administratives. — La commune. — Le cadastre.

La France compte environ 36.000 communes. Une commune est une réunion d'individus groupés sur une certaine étendue de territoire et ayant des intérêts communs. Les propriétés communales ainsi que celles des particuliers sont indiquées sur le plan cadastral que chacun peut consulter à la mairie.

II. — Conseil municipal. — Mairie. — Etat civil.

Chaque commune fait gérer ses intérêts par ses conseillers municipaux qui ont à leur tête un maire et un ou plusieurs adjoints ; ils votent le budget communal.

Le maire, comme officier de l'Etat-civil, enregistre les naissances, les mariages, les décès et les divorces ; comme représentant de la commune, il fait exécuter les règlements de police et de voirie, et les décisions du Conseil municipal ; comme agent du gouvernement, il fait exécuter les lois et décrets de l'administration supérieure.

III. — Le canton. — Le chef-lieu de canton.

Le canton est une simple division territoriale qui n'a ni administration, ni budget, ni propriétés. Il comprend généralement plusieurs communes, dont l'une est le chef-lieu. Les grandes villes peuvent à elles seules former plusieurs cantons. C'est au chef-lieu de canton que se fait la révision des conscrits, qu'on passe l'examen du certificat d'études et que résident le juge de paix, l'agent-voyer, le percepteur, le receveur de l'enregistrement et les gendarmes.

IV. — L'arrondissement. — Le chef-lieu d'arrondissement. — Le sous-préfet. — Le conseil d'arrondissement.

La réunion de plusieurs cantons forme un arrondissement qui est une division administrative sans budget, intermédiaire entre la commune et le département.

L'arrondissement est administré par un sous-préfet assisté d'un conseil d'arrondissement qui répartit entre les communes les contributions directes mises à la charge de l'arrondissement. Il émet aussi des vœux sur les besoins des communes.

AVRIL

I. — Le département. — Le chef-lieu du département.

Le département, formé par la réunion de plusieurs arrondissements, est la plus grande de nos divisions administratives. Comme la commune, le département possède des biens et a son budget. C'est au chef-lieu du département que réside le préfet et que se réunit le conseil général chargés de l'administrer.

II. — Le préfet. — Le conseil général.

Le préfet est à la fois le représentant du gouvernement, l'administrateur du département et le tuteur des communes. Il est chargé de la police et fait exécuter les lois, décrets et arrêtés ministériels et les décisions du conseil général. Le préfet est assisté : 1° d'un secrétaire général qui le remplace au besoin ; 2° d'un conseil de préfecture qui juge les réclamations en matière d'impôt et d'élections municipales.

III. — Pouvoirs publics. — Pouvoir législatif : Chambre des députés.

La Constitution qui nous régit, et qui date de 1875, a établi trois grands pouvoirs publics : Le pouvoir législatif, le pouvoir exécutif et le pouvoir judiciaire.

Le pouvoir législatif, ou pouvoir de faire des lois, appartient à la Chambre des députés et au Sénat.

Nos députés, au nombre de 600 environ, sont élus pour 4 ans par le suffrage universel.

IV. — Pouvoir législatif. — Sénat. — Attributions du Parlement.

Nous avons en France 300 sénateurs environ. Ils sont élus pour 9 ans par les délégués des communes, les députés, les conseillers généraux et d'arrondissement. Le Sénat est renouvelable par tiers tous les 3 ans.

Les députés et sénateurs, ou parlement, votent le budget de l'Etat, contrôlent les actes des ministres, nomment le Président de la République.

Le Sénat peut dissoudre la Chambre et juger le Président de la République ou les ministres en cas de trahison.

MAI

I. — Pouvoir exécutif. — Le Président de la République et les ministres.

Le pouvoir exécutif, ou pouvoir de faire exécuter les lois, appartient au Président de la République et aux ministres.

Le Président de la République promulgue les lois, nomme aux emplois civils et militaires, reçoit les ambassadeurs, négocie les traités, déclare la guerre avec l'assentiment des chambres et a le droit de grâce.

Les ministres sont chargés des grandes administrations de l'Etat, préparent le budget et élaborent des projets de lois pour les soumettre au Parlement.

II. — Différents ministères. — Intérieur. — Finances. — Instruction publique. — Justice.

Il y a en France ordinairement 12 ministères et 3 sous-secrétaires d'Etat.

Le ministre de l'intérieur veille au maintien de l'ordre public ; il est le chef direct des préfets. Le ministre des finances a la garde et la gestion du trésor public et présente le budget au Parlement. Le ministre de l'instruction publique dirige l'enseignement à tous les degrés. Le ministre de la justice a la direction du pouvoir judiciaire ; il veille au bon fonctionnement de la justice.

III. — **Différents ministères. — Agriculture. — Commerce et industrie. — Travaux publics. — Travail.**

Le ministre de l'agriculture défend les intérêts des cultivateurs et dirige l'enseignement des écoles d'agriculture. Le ministre du commerce et de l'industrie protège et encourage le commerce ; il favorise le travail national. Le ministre des travaux publics veille à l'exécution des grands travaux d'utilité générale, routes, voies ferrées, canaux, ports, etc. Le ministre du travail s'occupe de tout ce qui touche aux lois ouvrières, syndicats professionnels, conseils de prud'hommes, etc. Il est le chef des inspecteurs du travail.

IV. — **Différents ministères. — Affaires étrangères. — Guerre. — Marine. — Colonies. — Beaux-Arts. — Postes et Télégraphes.**

Le ministre des affaires étrangères est chargé des relations de la France avec les pays étrangers. Le ministre de la guerre organise l'armée et veille à la défense du territoire. Le ministre de la marine assure la défense des côtes et celui des colonies dirige l'administration de toutes nos colonies. Les Postes et Télégraphes, qui assurent une correspondance sûre et rapide, et les Beaux-Arts qui conservent nos musées nationaux et nos monuments publics, sont rattachés à d'autres ministères et administrés par des sous-secrétaires d'État.

JUIN

I. — **Pouvoir judiciaire. — La justice autrefois et aujourd'hui.**

Le pouvoir judiciaire est chargé de faire respecter les lois et de rendre la justice. Aujourd'hui la justice est égale pour tous et les seules peines infligées sont : l'amende, la prison, les travaux forcés, la mort sans souffrance. Autrefois la justice était cruelle. Les coupables étaient condamnés à subir d'épouvantables tortures : carcan, fouet, roue, écartèlement, bûcher, etc.

II. — Différents tribunaux. — Justice de paix. — Tribunal de première instance.

Le juge de paix cherche à concilier les plaideurs afin de leur éviter des procès. Il prononce des peines qui ne dépassent pas 15 francs d'amende ou 5 jours de prison. Il réside au chef-lieu de canton.

Le tribunal de première instance, quand il juge les contestations importantes, se nomme tribunal civil ; et, quand il punit les délits et grosses contraventions, il se nomme tribunal correctionnel. Il inflige des peines qui ne dépassent pas 2.000 francs d'amende ou 5 ans de prison. Il siège au chef-lieu d'arrondissement.

III. — Différents tribunaux. — Cour d'appel. — Cour de cassation. — Cour d'assises.

Les cours d'appel, au nombre de 26, examinent à nouveau les jugements des tribunaux de première instance, les réforment ou les confirment.

La cour de cassation, qui siège à Paris, recherche si les arrêts des autres tribunaux ont été rendus conformément à la loi. Elle peut casser les jugements.

Les cours d'assises, aidées chacune d'un jury de 12 membres tirés au sort dans une liste de 36 jurés, siègent tous les 3 mois dans chaque département. Elles jugent les criminels.

IV. — Tribunaux spéciaux.

Les tribunaux spéciaux sont : le tribunal de commerce qui résout les contestations en matière commerciale, et le conseil de prud'hommes, établi dans les villes industrielles, qui règle les rapports entre patrons, employés et ouvriers. — Les militaires qui commettent des fautes graves passent devant le conseil de guerre. — Les pourvois formés contre les décisions des conseils de préfecture sont réglés par le Conseil d'État qui est chargé aussi de l'interprétation des lois.

TABLE DES MATIÈRES

MORALE

OCTOBRE

LA FAMILLE, — DEVOIRS ENVERS LES PARENTS

NOVEMBRE

DEVOIRS ENVERS LES FRÈRES ET SŒURS, MAITRES ET SERVITEURS

DÉCEMBRE

L'ÉCOLE

JANVIER

LA PATRIE

FÉVRIER

DEVOIRS ENVERS LE CORPS

MARS

LES BIENS EXTÉRIEURS

AVRIL

DEVOIRS ENVERS LE CŒUR ET L'INTELLIGENCE

MAI

L'HOMME MORAL (*Suite*).

JUIN

DEVOIRS DE JUSTICE

JUILLET

RÉVISION GÉNÉRALE DE LA MORALE

INSTRUCTION CIVIQUE

OCTOBRE

L'ÉTAT — LES GOUVERNEMENTS
LA FRANCE AUTREFOIS ET AUJOURDHUI

NOVEMBRE

LES DROITS DU CITOYEN FRANÇAIS

DÉCEMBRE

LES DEVOIRS DU CITOYEN FRANÇAIS

JANVIER

FORCE PUBLIQUE : GENDARMERIE, POLICE, ARMÉE

FÉVRIER

IMPOTS. — CONTRIBUTIONS. — BUDGET

MARS

ADMINISTRATION DE LA FRANCE

AVRIL

ADMINISTRATION DE LA FRANCE (*Suite*).
POUVOIRS PUBLICS. — POUVOIR LÉGISLATIF

MAI

POUVOIR EXÉCUTIF

JUIN

POUVOIR JUDICIAIRE

JUILLET

RÉVISION GÉNÉRALE DE L'INSTRUCTION CIVIQUE

Landrecies. — A. Druez, éditeur. — 11-75.

www.ingramcontent.com/pod-product-compliance
Ingram Content Group UK Ltd.
Pitfield, Milton Keynes, MK11 3LW, UK
UKHW020115200726
13856UKWH00002B/565